「ふくしま」のおばあちゃんが教える

美味しい漬け物の作り方

神野栄子
伝統漬け物案内人

ロング新書
Longsellers publishing

はじめに

世界中の人々が新型コロナウイルスと戦う試練の日々が続いていますが、皆さん、お元気ですか？

コロナ禍でホームステイを余儀なくされ、日常生活が一変しました。「おうち ご飯」が増えてマンネリ化した食卓も見直されたのではないでしょうか。

在宅時間が増えて手作り料理にも気合いが入り、とりわけ食卓に欠かせない漬け物の人気が高まっています。

「自前の野菜でおいしい漬け物を作ろう」と家庭菜園を始める人が増えています。

野菜や花とふれあい、自前の漬け物に舌鼓を打つ暮らし……、コロナ禍のうつうつした気分も晴れることでしょう。

今、日本の食料受給率はわずか三〇％台です。野菜作りに目が向いたことは将来の食糧難に備えるきっかけづくりにもなると思います。


私は高校卒業まで福島県二本松市で過ごしました。実家は米農家で、曾祖父母までいる大家族でした。

四季折々の山菜や野菜を使ったひなびた料理ばかりで、現在のように飽和状態ではありませんでした。

本書では祖母や母が作っていた漬け物や郷土料理、義母や義姉、叔母たちから教えられたふるさとの漬け物などを思い出し、再挑戦しながらまとめてみました。

雑誌などで「おいしい情報」を見つけると、すぐに作ってみる性分です。それがいつの間にか得意メニューになったものもあります。

私は料理研究家でもフードコンサルタントでもありませんが、祖母から母に、孫の私に伝えられた郷土の味は時が経つにつれ、貴重な宝となりました。

伝統料理の味をひ孫にまで伝えたい——そんな思いをこめて私が案内役になり、「ふくしま」の美味しい漬け物や郷土料理を作りながら紹介しました。多くの方々が参考にしてくだされればうれしい限りです。

「作り方が違うかも」という声もあるかもしれませんが、漬け物や料理はその人のアイデアで「おいしくなるように進化させていくもの」と考えています。

ですから、こうあらねばならないという決まりはないと思うのです。「自分流で、おいしければよし」です。


十数年前から夫と家庭菜園を楽しんできました。採れたて野菜を近所にお裾分けをして喜ばれるのも励みでした。

漬け物もたくさん漬けましたが、五年前に夫が他界してからは、私が見よう見まねで野菜作りをしています。

独り暮らしになってからは量を作らず、食べきりサイズの「ジッパー付保存袋漬け物」にこだわっています。

野菜と塩、出汁《だし》しょうゆ、みりん、酢といった調味料があれば、誰でも簡単においしい漬け物がひと晩、いや一時間でも食べられます。

料理専門家ではないのでレシピの分量などもおおざっぱ、プロから言わせれば邪道かもしれませんが、分量に縛られると料理がいやになります。とにかく野菜を漬けてみましょう！


全国津々浦々、ご当地自慢の漬け物や郷土料理がたくさんあります。

本書は、タイトルも含め私の郷里、ふくしまの漬け物をとり上げましたが、夫が山形県羽黒町出身でしたので、山形の漬け物など、ふくしま以外のおいしいものも紹介しています。

北国の味覚が食卓のヒントになれば幸いです。

三・一一東日本大震災は今春、十年を迎えます。同県人の一人として、この本が原発事故で長年苦しんできた「ふくしま」の人々のエールになることを願います。

二〇二一年二月

神野栄子

もくじ

春の漬け物

夏の漬け物

秋の漬け物

冬の漬け物

用意しておくと便利なもの

- ジッパー付保存袋

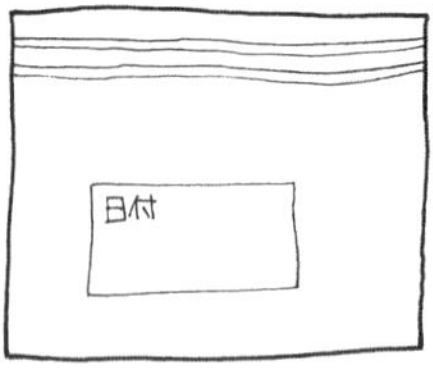

- だし昆布
- 昆布だし
- 塩昆布
- 切り昆布
- しょうゆ
- 昆布だししょうゆ
- めんつゆ
- 塩
- 酢
- 砂糖
- 味噌
- かつお節
- 白ゴマ

春の漬け物

春泥の畑の片隅で
ナヅナが小春日に揺れている
北の芽吹きが始まります

1 春キャベツの浅漬け

冬の漬け物はダイコンとハクサイが主役です。たくあんやハクサイ漬けに飽きたころ、出始めた春キャベツの浅漬けのさわやかな食感にハッとします。いつも食べているキャベツなのに、シャキッとした歯触りとほのかな甘みが春を感じます。

❶キャベツの固い芯の部分を取り除いて、葉をざく切りにします。
❷彩りに千切りにしたニンジンと合わせて、ジッパー付保存袋に入れます。
❸小さじ一杯の塩と昆布だしを振りかけてよく揉み込みます。
❹空気を抜いてチャックを閉じて冷蔵庫で保存します。
翌日には美味しい浅漬けが食べられます。

食卓に出す時は、キュッと水を絞りましょう。誰でも漬けられる簡単、即席漬けです。

●小さじ一杯程度の酢を加えると、まろやかな味わいになります。

●冷凍しておいたユズを摺り下ろしたり、鷹の爪の輪切りをトッピングしてピリ辛にしたり……。

●塩を減らして塩昆布を加えた「塩昆布キャベツ」もお勧めです。昆布の旨味がキャベツになじんで美味。ジッパー付保存袋で食べる分だけ漬けてみましょう。

味のバリエーションを工夫するのも漬け物を美味しくする秘訣です。

2フキノトウの甘酢漬け

北国は春先に雪が降ることもあります。

淡雪をかぶった土手の隅にフキノトウが埋もれていることもあります。花が開かないうちに摘み取って、柔らかなフキノトウを酢の物にして、さっぱりと味わいます。

祖母たちが季節になると、茹でたフキノトウを調味料で自由自在に調理していたことを思い出します。

米のとぎ汁で茹でたフキノトウを水に晒してアク抜きしてよく水気を絞り、砂糖と塩、酢で味付けするだけです。

祖母たちはボールや鍋で作っていましたが、私は簡単、ジッパー付保存袋で。

❶酢と砂糖、塩を適宜ジッパー付保存袋に入れて甘酢を作ります。

春を感じさせてくれるフキノトウの甘酢漬け

❷米のとぎ汁で茹で、水に晒してアク抜きしたフキノトウを食べやすく半分に切って投入。よく揉み込んで、甘酢になじませて冷蔵庫で保存します。一時間後には食べられます。

フキノトウのほろ苦さと香りが甘酢に溶け合って春を感じさせてくれる。箸休めにもなる一品です。

3 ウドの漬け物あれこれ

晩春の里山に山ウドが自生していることがあります。薄緑の茎にはうっすらと毛が生えていて、鼻を近づけると独特のウドの匂いがします。

実家では裏山の雑木林でも見かけました。

祖母が「ウドは捨てるところがないんだよ」と言っていたことを思い出しましたが、確かに皮から穂先まで丸ごと食べられる万能山菜なのです。

でも、なかなか手が出ないという人もいますが実は、ウドは栄養価が高い山菜です。

疲労を予防するといわれる〈アスパラギン酸〉という物質を豊富に含んでいるといわれています。

〈食物繊維〉もたっぷり、上手に調理すれば和洋中華の即席漬け物が楽しめます。

〈ウドの酢味噌和え〉

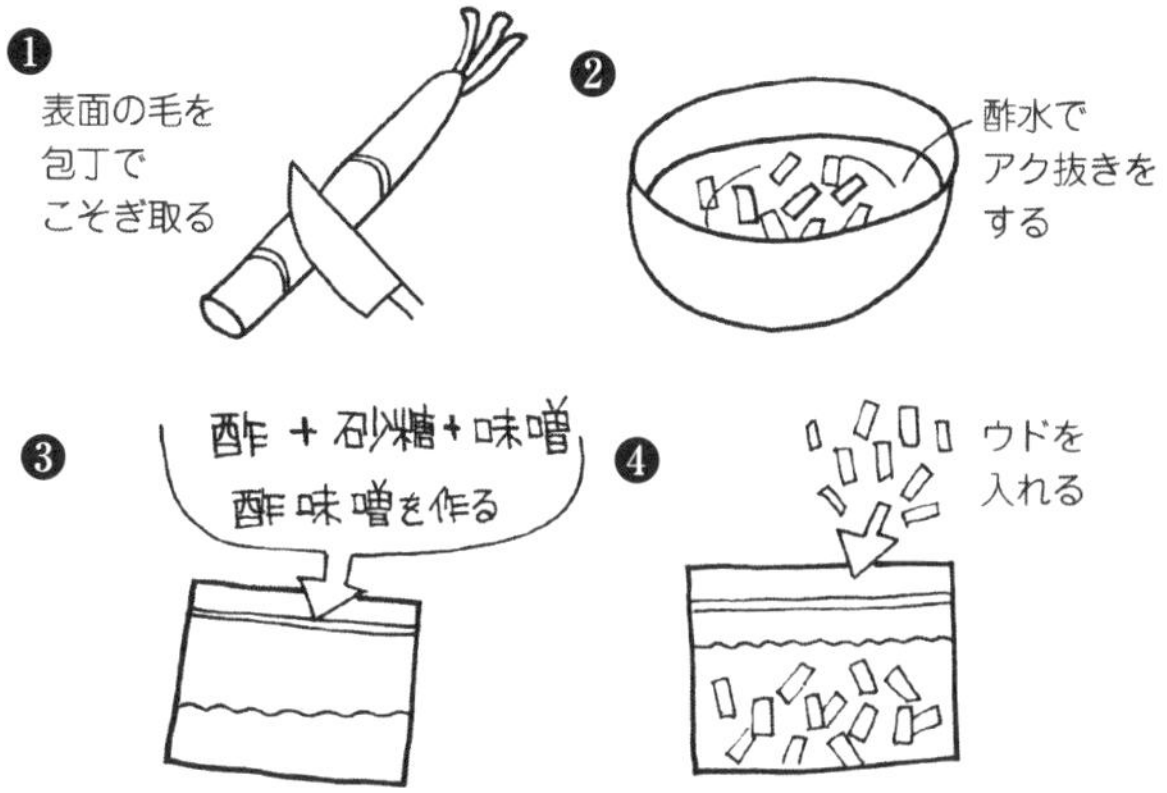
❶
表面の毛を
包丁で
こそぎ取る
❷
酢水で
アク抜きを
する
❸
酢＋砂糖＋味噌
酢味噌を作る
❹
ウドを
入れる

◆ウドの酢味噌和え

❶ウドの表面の毛を包丁でこそぎ取ります。

❷タテに包丁で皮をむいたウドを薄切りにして酢水に晒してアク抜きをします。

❸酢、砂糖、味噌を混ぜ合わせて酢味噌を作り、ジッパー付保存袋に注ぎます。

❹よく水気を切ったウドを投入。酢味噌とよくなじむように揉み込みます。

薄切りなのですぐに食べられます。

残ったら、その袋に入れたまま冷蔵庫

で保存します。

◆ウドの酢漬け

こってり系の味噌味よりもシンプルに酢漬けで味わいたいという人には甘酢漬けがお勧めです。

❶酢に砂糖と塩を入れて甘酢を作って、ジッパー付保存袋へ。
❷皮をむいたウドは短冊切りでも乱切りでもお好みで。
❸酢水に晒してアク抜きしたウドを甘酢に投入してよく揉み込みます。

厚切りでも一晩冷蔵庫で寝かせれば翌朝、しんなりと甘酢になじんでおいしくなっています。サクサクしたウドの歯ごたえと風味を楽しめます。

◆ウドのたまり漬け風

❶皮をむいだウドを乱切りにして酢水に晒します。

❷めんつゆか昆布だししょうゆを適宜、ジッパー付保存袋に注ぎます。
❸ウドの水気を十分に切ってから❷の袋に入れます。
❹よく揉み込んだら、空気を抜いて冷蔵庫に入れます。翌朝にはたまり漬け風ウドの漬け物が出来上がっています。

激辛味の漬け物が好みなら、コチジャンや粉唐辛子、ニンニクなどをベースに「中華風ウドの漬け物」を作ってみましょう。

4 簡単ぬか漬け

農家では夏野菜の準備が始まりますが、八百屋やスーパーにはキュウリやカブ、春キャベツなどが出そろいます。

冬ごもりしていたぬか漬けの甕《かめ》にも手が入るころです。

ぬか漬けはとにかくこまめな手入れが決め手です。毎日一、二回はよくかき混ぜなければなりません。発酵食品ですから注意していないと、ぬか床にカビがはえたりします。私も何度もぬか床をだめにしました。

最近は野菜を漬け込むだけでOKというぬか漬けビギナーにはうれしい「熟成ぬか床パック」もあります。

さっそく市販の「ぬか漬けの素」にキュウリやカブを漬け込んでみました。

約半日漬けて、塩加減のよいまろやかなキュウリとカブのぬか漬けができま

〈簡単ぬか漬け〉

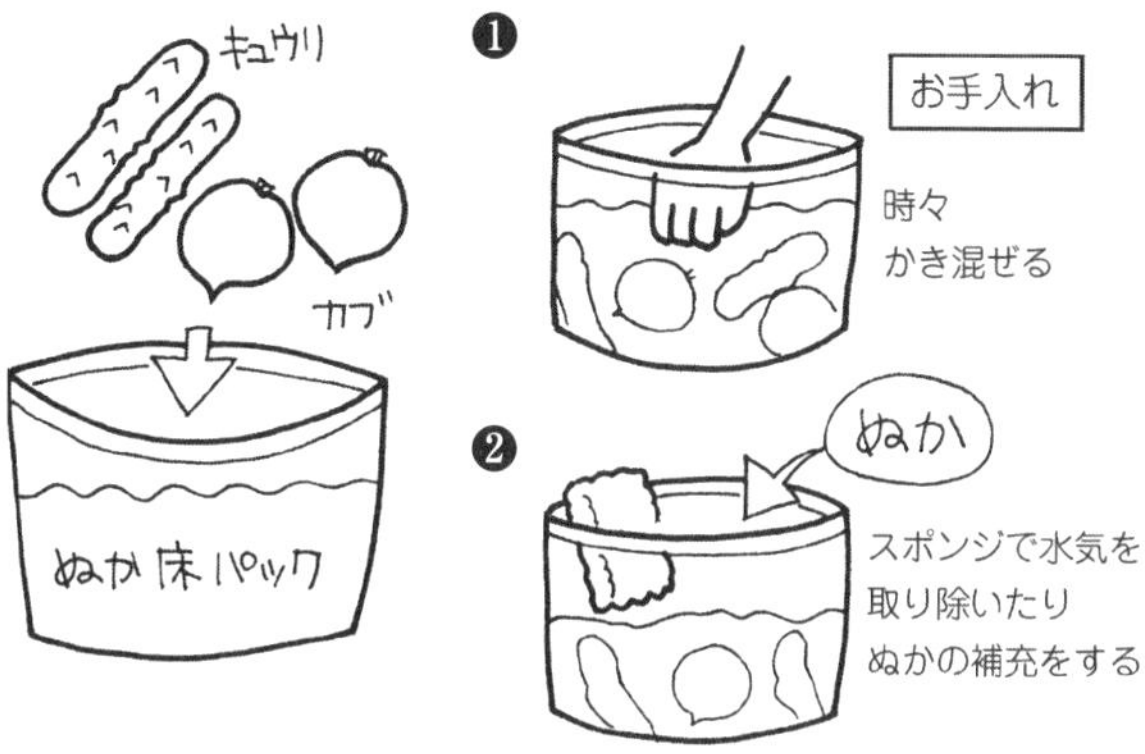
キュウリ
カブ
ぬか床パック
❶
お手入れ
時々
かき混ぜる
❷
ぬか
スポンジで水気を
取り除いたり
ぬかの補充をする

した。

マチ付きのパックは冷蔵庫の野菜室の隅に収納できるので便利ですし、ぬか漬け特有の臭いも少ないのでビギナーには扱いやすいと思います。

ただ冷蔵庫に入れておくと、常温よりも漬かるのに時間がかかるようです。

❶ぬか床に野菜を入れます。

❷便利で簡単なぬか床でも、毎日使い、時々かき混ぜること。

❸長く使っていると野菜の水分も出てきますから、スポンジで水気を取ったり、ぬかの補充など日々の手入れをすると、おいしく食べられます。

5 たくあんの古漬け

秋に樽漬けしたたくあんが、春先になると味が変わってきます。「酸っぱいのが好き」という人もいますが、重石に押しつぶされた塩辛い古漬けは敬遠されがちです。

祖母たちは古漬けを上手に塩抜きして、たくあんを二度味わっていました。

❶たくあんを五センチぐらいに切り、薄い塩水に三〇分ほどつけて塩を抜く。

❷塩抜きしたたくあんを固く絞って水気を切り、千切りにします。

❸油で炒め、砂糖、しょうゆ、みりんで味付けします。

❹そのままでもおいしいのですが、好みで千切りにしたショウガや酢を加えて揉み込みます。酢が入れば、まろやかな味になります。

❺ジッパー付保存袋に入れて、冷蔵庫で保存します。

たくあんの歯ごたえと風味を残しながらも新しい漬け物に生まれ変わります。
「食べ物をむだにしない」という先人たちの知恵を受け継ぎたいものです。

6 ハクサイの古漬け

暮れに漬け込んだ白菜漬けもまた春先になると古漬けになり、味が変わってきます。

五年前に亡くなった父は、足腰が弱っていた母に代わって、よくたくあんや白菜を漬けていました。

そんなに丁寧ではありませんが、それでも四つ割りにした白菜を小春日に干したり、渋柿の皮をカラカラに干して、白菜に挟み込んで漬けていました。柿の皮の甘味も漬け込むのが、ふるさとの白菜漬けです。

父は自分で漬けたという思い入れもあってか、古漬け白菜を細かく刻んで、納豆に入れて食べるのが好きでした。

白菜のほどよいしょっぱさと酸味が納豆にからみ、しょうゆをたらさなくてもおいしいのです。
「菜なっとう」で、働き盛りの男たちは何杯もご飯を頬張りました。

●古漬けを刻んで油炒めして、しょうゆや砂糖で味付けしてもおいしい。高菜炒めと同じように、ご飯との相性もよいのです。

7フキ味噌

桜の季節になると、里山の野辺は一斉に新芽を吹きだします。土手にニョキッと頭を出した土筆《つくし》、フキ畑には薄緑色のフキノトウがつぼみを膨らませています。

腰を曲げて石段を昇ってくる祖母の前掛けの中には摘み取ったフキノトウがくるまっていました。

❶米のとぎ汁を沸騰させた鍋に、よく洗ったフキノトウを入れてサッと茹でます。

「フキのほろ苦さがなくなるから、サッとだよ」と祖母は高校生の私にそう教えました。

❷茹でた後、水に晒してアク抜きして薄緑色になったフキノトウを細かく刻み

ます。
❸油で炒めたところで味噌、みりん、砂糖をからめて手早く作ります。フキノトウを炒めて食べやすくした、味噌漬けと言いたいところです。
❹仕上げにゴマ油を回し入れると、コクと風味が出ます。

小鉢に山盛りのフキ味噌をみんなでスプーンですくいながら、ご飯にかけて食べました。

時にはおにぎりの具になったり、常備菜としても重宝な調理味噌です。フキノトウのほろ苦さとフキの香りは、まさに、ふくしまの味、油のコクがまじりあって、ご飯が進みます。

アク抜きに関しては、「生のまま刻んで油炒めすればアクはなくなる。ほろ苦さを味わうためにもアク抜きは不要」という意見もあります。

どちらが美味しいか試してみてください。

8 カブのあちゃら漬け

子供が小さいころ、義母が山形から遊びに来た時に、農家の採り立てのカブに目をやって、「『カブのあちゃら漬け』を作ってやるよ」と言って、手早くカブを切り始めました。

❶カブは新鮮なので皮をむかずに半分に切って、半月切りにして、サッと塩揉みします。

❷その間に鍋に酒、みりん、砂糖を入れてひと煮立ちさせて冷まして酢と合わせます。

❸塩揉みしたカブはよく絞って水気を取り、漬け汁と合わせるだけ。

❹一時間もすると、甘酢を吸い込んだ柔らかな「カブのあちゃら漬け」ができて、食卓に並びました。

酢と甘味のバランスが絶妙でこの時、甘酢の美味しさを知りました。

ピリ辛に唐辛子を加えるのが本格派らしいですが、義母は子供が食べられるように甘酢だけにしたのでしょう。

義母の味を思い出し、最近は簡単にジッパー付保存袋で作って、冷蔵庫に保存します。

彩りと辛味のインパクトを求めて輪切りの鷹の爪をトッピングしています。

春の小カブは本当に美味しい。

フサフサした葉っぱは味噌汁の実にしたり、塩揉みして菜飯にしたり、無駄がありません。

9 キュウリのワサビ漬け

春先のキュウリはサラダやぬか漬けもよいのですが、ちょっとバリエーションを楽しみたいと思いませんか？

「ワサビ漬けもおいしいわよ」という友人の言葉に乗って、時々キュウリのワサビ漬けを作ります。

❶漬け汁は粉ワサビ（練りわさびでも大丈夫）、酢、塩、砂糖少々を合わせるだけです。

❷乱切りのキュウリと漬け汁をジッパー付保存袋に入れてよく揉み込んで冷蔵庫で保存します。

六時間以上漬け込んだら、充分辛味が出ます。

ピリッとしたワサビの辛味がさわやかです。

蒸しダコや蒸しエビとキュウリを漬け合わせると、なかなか美味。ワサビは海鮮系との相性がよいのです。酒のつまみにはもってこいのレシピ、作ってみてください。

●スーパーなどでは「ワサビ漬けの素」が販売されていますので、試してみるのもよいかもしれません。

10 菜花の辛子漬け

福島県の中通りはわりあい雪が少ない地域です。

ひな祭りの頃には畑のホウレンソウが寒波を乗り越え、育っています。

長い冬から目覚めたように、花まつりのころには菜の花に似た菜花やからし菜などが旬を迎えます。

私が栽培している江戸東京の伝統野菜「のらぼう菜」も冬を乗り越えて収穫期に入ります。摘んでも摘んでもわき芽が育ち、くせがなく煮ても炒めても美味しい重宝な葉物です。

菜花はおひたしや炒め物も美味しいのですが、「辛子漬け」を作ってみました。

❶菜花一束を用意して、根元の硬い部分を切り落とします。
❷柔らかい葉を一分ほど茹でて、水に晒して水気を取ります。

ピリ辛菜花の辛子漬け

❸練和辛子大さじ一杯程度（粉和辛子を練っても可）、塩、砂糖、酒を加えて混ぜ合わせて漬け汁を作ります。
❹ジッパー付保存袋に菜花と漬け汁を入れて揉み込みます。すぐに冷蔵庫には保存しないこと。数十分常温に置くことで辛味が出ます。

茹で立ての菜花から立ち昇る菜の香りに春を感じます。

辛子をまとった菜花はツンと鼻を刺激し、ピリ辛菜花で眠っていた味覚が目覚めます。辛味の美味しさを堪能できます。

11 アサツキの酢じょうゆ漬け

山形や福島で作られている伝統野菜、アサツキをご存じですか？

長さ二〇センチほどの細いノビルのような野菜です。根元の方は白く、先端の方はネギのように緑色をしているので、漢字で書くと「浅葱」と書きます。

早春のころが旬で、北国に春を呼ぶ緑の野菜です。一月下旬ごろから関東の大型店の野菜売り場でも見かけます。

かつては露地栽培が盛んで根雪の中から掘り起こしたアサツキは寒冷のストレスを受けて白い部分が曲がっていました。それが柔らかくて美味しいのです。

根っこを切らずにワラで結わいたアサツキがよく実家から送られてきました。

生のアサツキはかなり辛味が強いのですが、湯がいたり、炒めたりすると不思議に辛味が和らぎます。

そこで、ご飯のお供になる酢じょうゆ漬けを作ってみましょう。

❶市販のアサツキを袋半分使います。よく洗い、根元を切ります。
❷沸騰したお湯でサッと湯通しして、ネギの薬味のように細かく刻みます。
❸昆布出汁しょうゆ、酢各大さじ一杯を合わせ、カツオ節、砂糖、ゴマ油少々を加え、漬け汁を作ります。
❹水気をよく絞ったアサツキ、漬け汁をジッパー付保存袋に入れて、よく揉み込めば出来上がり。
一時間も漬ければ、酢とゴマ油が効いた緑の漬け物が食べられます。納豆の薬味にもなります。
●サッと茹でたアサツキを酢味噌和えにしたり、カツオ節をかけておひたしに。炒め物や天ぷらでも美味しいです。
●もっちりと、とろけるようなアサツキの食感がやみつきになる酢味噌和えがお勧め。懐かしいふるさとの春の味覚です。

〈春の郷土料理〉

●ダイコン炒り

雪が解け始めた畑には取り残したダイコンが長い首をもたげ、ひもに結わかれ葉が枯れた白菜が収穫を待っています。

寒冷のストレスに耐えた冬野菜は地中の中で養分を蓄えているので、鍋ものや煮物など、温野菜でたっぷり食べたい。

祖母や母がよく作っていたおかずに、ごくシンプルな「でいご炒り」があります。ダイコンがなまって「でいご」。最近は標準語になりましたが、お年寄りは「でいご」で通じます。

❶千切りに切ったダイコンと、サイの目に切った油揚げをサラダ油などで炒めるだけ。
❷しょうゆ、砂糖とみりん少々で味を調え、最後にゴマ油で風味付けをして出来上がり。
❸彩りにニンジンの千切りを一緒に炒めてもよし。
❹輪切りの唐辛子をトッピングするとパンチが利いた味わいになります。
❺ジッパー付保存袋に入れて冷蔵庫へ。常備菜で四、五日は持ちます。

●山菜の天ぷら

◆フキノトウ

春の山菜は揚げたての天ぷらが一番おいしいです。

採りたてのフキノトウをよく洗って天ぷらにします。油の中で花が開いたように広がるフキノトウにも春を感じます。

フキ類は煮る時にはアクを抜きますが、油で揚げるとアクがなくなるそうです。「あく抜き無用」というのも手間が省けます。

◆ウド

ウドは表面の産毛を包丁でこそぎ取り、皮をむいたら五センチくらいの長さに切り、三枚におろして揚げます。サラダでも食べられるくらいですから、サッと油を通すくらいで大丈夫です。

◆タラの芽

家の庭先にもタラの木があるので、珍しくないかもしれませんが、春限定の山菜です。

口当たりよく、美味しく味わうには袴《はかま》と根元の固い部分を取り除き、下ごしらえします。

タラの芽も油で揚げるとアクがなくなりますが、和え物やおひたし、炒め物にする時は、一度茹でてアク抜きします。

●フキの煮物

「フキを食べたら風邪ひかねえぞ、体にいいんだがら」

祖母はそんなことをつぶやいていました。

調べてみると、ミネラルの一つであるカリウムをたくさん含んでいて、高血圧や疲労回復などの予防に役立つばかりか、免疫力を高める成分も含まれているようです。

「フキノトウは咳止めに効く」とも言っていました。

昔の人は山菜を漢方薬としても重宝していたのでしょう。おばあちゃんの知恵袋を時に思い出して納得するのです。

そんなわけで春にはよくフキが食卓に上りました。

その代表が煮物です。

❶米のとぎ汁で茹で、水に晒してアク抜きしたフキの皮をむきます。
❷フキだけを油炒めして、しょうゆに砂糖やみりんを加えて甘辛く煮たもの。
❸フキとちくわや油揚げなどと炊き合わせたもの。ボリュームがあって美味しいおかずになります。

そんなフキのおかずの味が忘れられず、油揚げやシイタケ、豚肉まで加えてフキのおかずを作ります。独特の香りとともに春の贈り物をたっぷり味わいます。

●フキの佃煮＝きゃらぶき

雪の多い東北では冬場の食糧を確保するために、保存食を仕込みます。冬には餅を凍らせて作る「凍《し》み餅《もち》」や「凍《し》み豆腐《とうふ》」がその代表でしょう。祖母や母は麹室《こうじむろ》で麹を作り、味噌や、納豆、粕漬けも作っていました。真っ赤な梅酢が取れる梅干しも売るほど作っていました。

春は何を作っていただろうか、思い起してみると、「きゃらぶき」がありました。フキの佃煮です。

昭和時代の話ですが、フキの葉っぱも無駄にせず、茹でた葉っぱを細かく刻んで油で炒め、甘辛く味付けして佃煮で食べたものです。

漬け物ではないけれども、貴重な保存食であったのが「きゃらぶき」です。

〈きゃらぶき〉

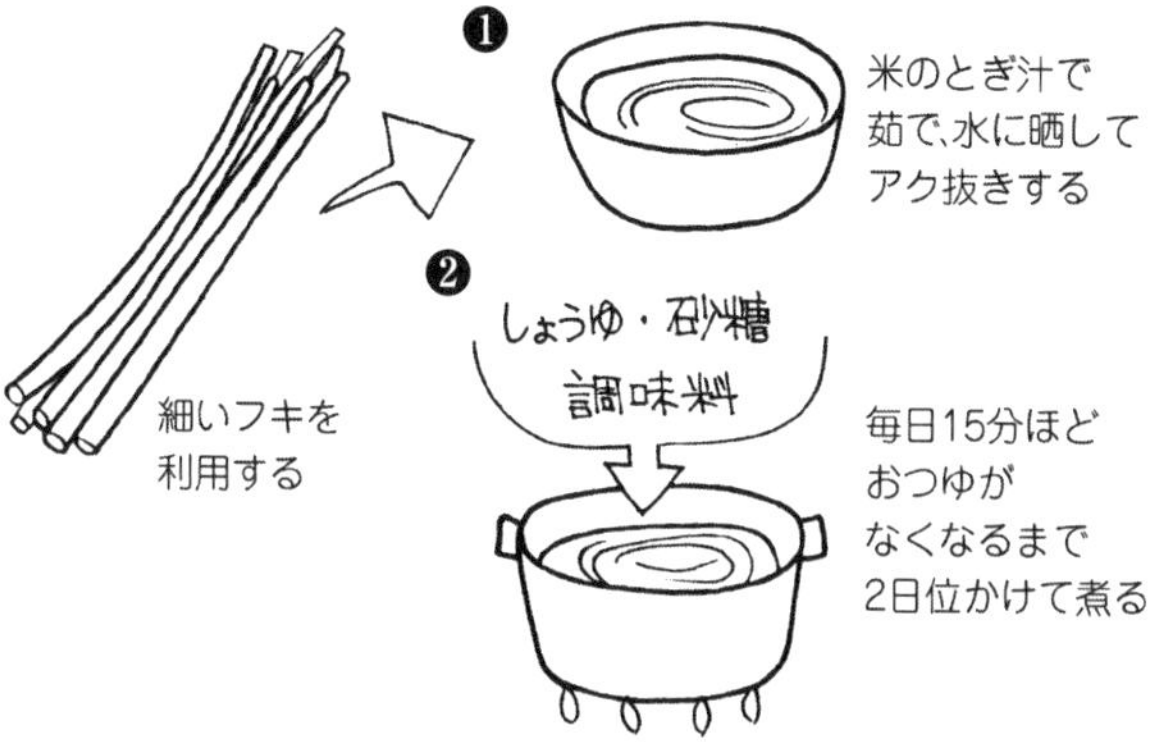
❶
米のとぎ汁で
茹で、水に晒して
アク抜きする
❷
しょうゆ・砂糖
調味料
毎日15分ほど
おつゆが
なくなるまで
2日位かけて煮る
細いフキを
利用する

家の周りに自生している山ブキを刈り取って帰る祖父を待ち受けていた祖母が、フキの葉を取り除き、洗って米のとぎ汁でアク抜きをする一連の作業を引き受けていました。

かまどに羽釜をかけて大量のフキを茹で上げます。水に晒してアク抜きして、煮物用ときゃらぶき用に分けて始末するのです。

佃煮用は細いフキを使うので、煮崩れないように皮をむかないのです。

祖母たちのころは米のとぎ汁で茹でたフキを一晩茹で汁につけておいたようです。

翌日ザルにあげて水気を切って、しょうゆ、砂糖、調味料を入れて何日もかけて煮込んだようです。フキがきつね色になり、食べられる状態になっているのです。

きゃらぶき作りには、工程があります。

❶米のとぎ汁で茹で、水に晒してアク抜きをします。

❷しょうゆ、砂糖、調味料を入れて二〇分くらい煮ます。

❸翌日も夕飯の支度の合間に鍋をかけ、二日がかりでおつゆがなくなるまで、コトコト煮るとフキが黒っぽい飴色状態になってきます。

❹筋状の皮にまで味がしみ込んだ「きゃらぶき」が出来上がります。母もまた同じように作っていました。

❺瓶詰にして保存しますが、私は長持ちさせるために、ジッパー付保存袋に入れて冷凍しています。

●ウドの皮のきんぴら

むいたウドの皮は捨てたくなりますが、それはもったいない。少し厚めにむいて皮をきんぴらにします。皮や茎は酢水に浸けてあく抜きします。

先端の穂先は天ぷらにすると、タラの芽のような味わいで美味しい。皮をむいた中側の白い茎は和え物や酢漬け、サラダ用にスライスして生でも食べられます。ウドは部位によって調理法を替えれば、何度でもおいしく味わえます。

薄切りですから口あたりもよく、ご飯のお供や酒のつまみにもなる一品です。

❶むいたウドの皮は酢水に晒すとピンピンに反り反ります。
❷その皮をサラダ油などでしゃっきりと炒め、しょうゆとみりんで味付けする。
❸最後にゴマ油を回し入れると香ばしい風味が漂います。
❹仕上げに白ゴマを振りかけます。

●ワラビのおひたし

連休頃になると、山形県の庄内地方では、今だに山菜採りの名人がいるそうです。雪深い里山もようやく遅い春を迎えます。名人たちが山に入って採った月山筍（根曲がりタケノコ）やワラビ、ゼンマイなどが道の駅や商店に並びます。

❶義母は鍋にお湯を沸かし、火を止めて重曹とワラビを入れてフタをして朝まで置きました。水を捨ててから三回ほどまた水を取り替えてアク抜きしていました。煮てしまうとワラビのシャキシャキ感や歯ごたえがなくなるというのです。

❷洗って緑鮮やかなワラビを四～五センチに切って盛り付け、かつお節をかけておひたしで食べます。私はこれに習い、調理しています。

❸おひたしが残ったらジッパー付保存袋で保存しておきます。

❹昆布しょうゆやめんつゆで漬ければたまり漬けにもなります。

●ゼンマイの煮物

「こんなおいしいものがあるのか」と舌が小躍りした「ゼンマイの煮物」。

干しゼンマイをじっくり水で戻して水気を取って、油揚げや糸コンニャクと煮るのです。

義母の味付けもよかったのですが、一族が集まる旧盆入りの夕餉には決まってゼンマイの煮物が並びました。

茶色の縮れたゼンマイとこんにゃくの相性がよく、ほとんど汁気はないのですが、しっかり味がしみているのです。お父さんたちはゼンマイの煮物やら、だだちゃ豆、小ナスの漬け物をつまむほどに、酒の酔いも回っていました。

一〇年前に他界した義母には作り方を聞かずじまいでしたが、宿坊「太田坊」の女将である義姉が教えてくれました。

カリカリに乾燥させたゼンマイを買い付け、二日がかりでもどすそうです。

❶はじめは乾燥ゼンマイを三〇分ほど水に浸けてから、鍋にお湯を沸かし、八〇度ぐらいの湯にゼンマイを入れて手の平で三回くらいよく揉む。

❷三回目はゼンマイをお湯につけたまま朝まで置きます。

❸膨らんできたゼンマイを今度は水に浸け、三回くらい水を替えてアクを抜く。「乾燥したゼンマイの戻し方が難しいの、これができれば一人前とみなされる」という肝の入った庄内の伝統料理なのです。

❹煮る時は鍋に少し油を入れて刻み油揚げや糸こんにゃくとゼンマイを炒め、コップ一杯の水を入れて炊き合わせます。味付けはしょうゆに砂糖、酒とみりんに、だしの素少々で水分がなくなるまで煮込むだけ。

美味しさの秘密は時間をかけたゼンマイの戻し方にありました。

●身欠きニシンと切り干し大根の煮物

昭和の半ばごろですが、私が小学生のころには「農繁期休暇」がありました。田植え時や刈入れ時には数日、学校が休みになりました。

子供たちも農作業の手伝いをしたのです。当時の田植えは機械化されていませんでしたから、手で植えました。近所の人も手伝いにきたりして、なんだかワクワクするような賑わいでした。

若かった両親は稼ぎ頭で、祖父は陣頭指揮を執り、祖母と曾祖母は料理番です。田植え時の昼飯に決まって出されたのが、去年の夏から塩漬けにしてあったシソの葉（88頁参照）を巻いた大きな握り飯に、身欠きニシンと切り干し大根の煮物が添えられていました。

重箱などに詰めた昼飯を子供たちはせっせと野良に運んだものです。

❶身欠きニシンはひと晩、米のとぎ汁に浸けてアクを抜きます。
❷柔らかくなったニシンと、水で戻して柔らかくなった切り干し大根をじっくり煮るのです。しょうゆと砂糖、みりんなどで味付けします。

身欠きニシンの、何とも言えない独特の風味がイチョウ切りに分厚く切った切り干し大根にしみ込んで、魚好きにはたまらなく美味でした。

当時はなかなか動物性たんぱく質が手に入らなかったのでしょう。母や祖母が身欠きニシンの昆布巻きや、サンマの味噌漬けなどを作っていたのを思い出します。

懐かしくなって、身欠きニシンと切り干し大根の煮物を作ってみました。細切りの切り干し大根では、身欠きニシンの脂っぽい濃厚な味わいに負けてしまう。厚切りのイチョウ切りの切り干し大根と相性がよいことがよく分かりました。

●ヨモギ団子

四月一〇日、寺の花まつりのころになると、いたるところにヨモギが柔らかな葉を広げます。一〇センチぐらいに伸びたところを摘み取って、ヨモギ団子やヨモギ餅を作ってもらいました。

祖母に「餅草《もちくさ》摘んできてな」といわれると、私と妹はザルを抱えて家の周りに生えているヨモギを摘みに行くのです。地方では餅や団子の風味を付けるヨモギのことを「餅草」と呼んでいます。

❶摘んだヨモギを重曹で茹でて水に晒し、水を替えながら一日水に浸してしっかりアク抜きをします。

❷ギュッと絞って必要な分だけ、細かく刻み、すり鉢でするか、ミキサーにかけて、滑らかにします。

〈ヨモギ団子〉

❶

重曹で茹でた
ヨモギを
１日水に浸して
アク抜きする

❷

細かく刻み
すり鉢や
ミキサーで
滑らかにする

❸

上新粉をお湯で溶いて
よくこねたものを丸めて
15分ほど蒸す

❹

ヨモギを加えて
ボールやすり鉢でよくこねる
ついてもよい

❺

丸めて団子にして
きなこを付けたり
あんこを入れて草もちに！

❸上新粉を熱湯で溶いて、よくこねたのを丸めて約一五分ほど蒸す。
❹蒸し上がったら、ボールやすり鉢などにとって、ヨモギを加えてよくこねます。すりこぎでついてもよいでしょう。
餅草といわれるくらいですから、ヨモギを入れると生地に粘りがでてフワフワになります。
❺手に水をつけながら適宜丸めて団子にして、そのまま、きな粉を付けて食べてもよいですし、ひと手間かけて中にあんこを入れれば草餅に、その周りに、きな粉をまぶせば、うぐいす餅になります。

ヨモギの香りも味わいながら春を満喫しましょう。残ったヨモギはジッパー付保存袋に入れて冷凍しておけばいつでも使えます。

●庄内の笹巻き

もち米をギュッと笹に詰め込んだ山形県の庄内地方（鶴岡市・酒田市）に伝わる郷土料理「笹巻き」は今も受け継がれています。

五月五日の端午の節句には、その家に代々受け継がれてきた笹巻きを作るのです。節句の時季になると笹巻きがよく送られてきました。ふるさとの春の香りです。

準備するのはもち米と乾燥した笹の葉、笹巻を結わくイグサ。この地方では自生する「竜のひげ」と呼ばれる細い葉の常緑草を干して用いるそうです。

❶笹の葉をよく洗って煮ます。すると、笹のエキスがしみ出し、お湯が黄色になります。

「この汁が大事でね。笹には殺菌力があるから中の餅が腐らないの」と義姉が教えてくれました。

❷笹の葉を三角の円錐形にして、といだもち米に小さじ一杯の重曹を入れ、かき混ぜてから八分目ぐらいまで詰めます。

❸円錐形の上の葉でフタをしたら、もう一枚の別の笹の葉を巻いてイグサなど（手に入らなければタコ糸でもよいかもしれません）で、しっかり餅を結わきます。

❹笹のエキス水と、水をたっぷり入れた大鍋で笹巻きを約半日、コトコトと煮ます。水がなくなりかけたらつぎ足しつぎ足し、鍋の番をしながら仕上げます。

❺鍋から引き揚げた笹巻きを五個くらいにまとめてイグサなどで結わき、大ザルに並べて水気を取ります。

❻笹巻きは、きな粉と黒蜜をつけていただきます。笹の葉をむくと、笹の成分を吸い取った黄色い餅が顔を出します。笹の香りもほのかに、もっちりと柔らかな食感が口の中でとろけていきます。

〈庄内の笹巻き〉

❶

笹の葉を
煮る

❷

笹の葉を三角の円錐形
にしてといだもち米に
小さじ1杯の重曹を入れ
かき混ぜてから
八分目までつめる

❸ もう一枚の笹の葉で
フタをしたらイグサで巻く

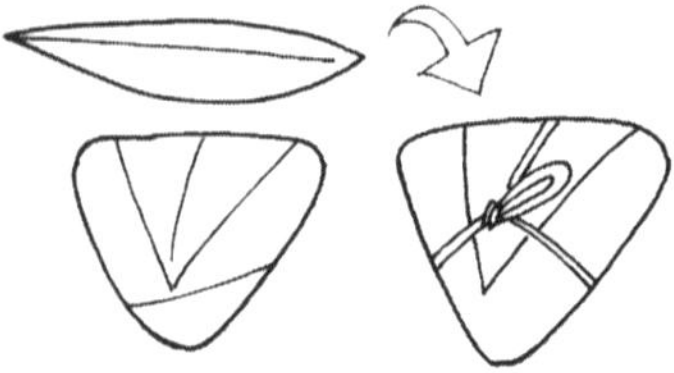

❹

笹の葉のエキス水と
水をたっぷり入れた大鍋で
約半日コトコトと煮る

❺

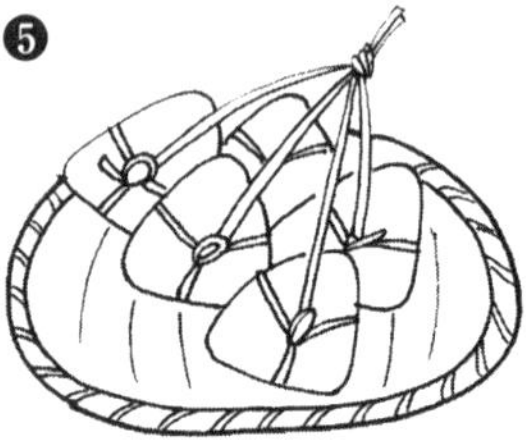

5個位にまとめて
大ザルに並べて水気を取る

❻

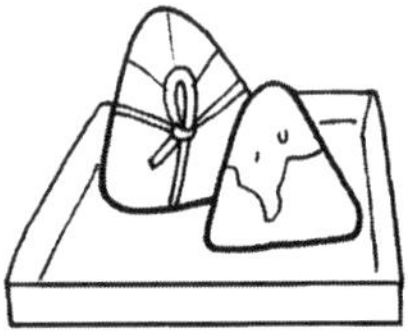

きな粉と黒蜜をつけて！

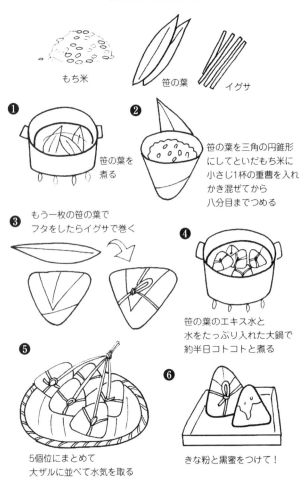

笹に含まれているクロロフェルの作用で、抗菌、殺菌の効能を発揮します。
笹の成分が防腐剤になり、餅の腐敗を防ぐのです。
冷蔵庫に保存して笹の葉が乾いてきたら、もう一度お湯で煮ればできたての笹巻きに。
先人の知恵が伝承されているのです。

●月山筍《がっさんだけ》の粕汁

晩春から初夏にかけて山形県の出羽三山（月山、羽黒山、湯殿山）の山中に自生する貴重な「月山筍」があります。

筍《たけのこ》採りの名人が雪溶けの山中に入り、ヤブの中から採りあてるのです。なかなか手に入らない逸品で、高価で一キロ数千円もするほどです。

月山筍は根元がじっこりして曲がっていることから、根曲がりタケとも言われます。春先の雪解けに急に育つので太いのに柔らかでアクもなく、独特の風味と、噛むほどにほとばしる甘味が筍好きをやみつきにします。

この逸品を地元の人は粕汁にして食べているのです。

筍が手に入ったら、味が落ちるのですぐに下処理をしましょう。

❶根元の方に包丁を入れて筍の皮をむきます。もったいないので穂先は残し、

周りの皮を手で取り除きます。

❷塩をひとつまみ入れてサッと茹でます。茹で上がったものは、多いようなら茹で汁と一緒にジッパー付保存袋に入れて冷凍しましょう。

❸カツオ節などでダシを取った鍋に月山筍（長いようなら半分に切る）と、厚揚げをお好みに切って煮ます。

❹溶けやすい練り酒粕を投入し、味噌味で仕上げます。

厚揚げや筍に味がしみ込むように煮込むのがコツ。

味噌汁は煮込まないものなのに、初めて教わった時は驚きました。煮込んで煮込んで、粕味噌汁のこってり感と筍の風味、味がしみ込んだ厚揚げをいただくのです。

これもまた一度食べたら忘れられない庄内の春の伝統料理です。

月山筍は天ぷらや味噌漬け、細かく切って厚揚げやシイタケなどと煮物にしても美味しい。歯ざわりのよいコリコリとした食感は格別な味わいです。

始めよう！　野菜作り【春】

プランターや植木鉢でも簡単に野菜作りが楽しめます。チャレンジしてみましょう！

●春に植える野菜

ジャガイモ　キュウリ　ナス　トマトなど。

【ジャガイモ】

●準備するもの

プランター大（大きめの植木鉢も可）、種イモ、園芸用移植ゴテ、園芸用手袋、ジョーロ、野菜用培養土、鉢底石（ネット入りが用土の交換の時に便利）、化成肥料、市販の防腐剤など。

●栽培方法

❶植え時は地域にもよるが四月ごろ。

❷プランターに鉢底石を敷き、野菜用培養土を八分目くらいまで入れます。

❸種イモは芽がついている部分を残して、大きいものなら三等分、小ぶりのものは半分に切ります。種イモを細菌から守るために、防腐剤などを切り口に付けます。

❹二〇センチ程度間隔をあけて、切り口を下にして、一五センチくらいの深さに植え付けます。大きなプランターなら三～四個、植木鉢には一個植えて試してみましょう。

❺イモが出てこないように土寄せ（土をかぶせる）して化成肥料を追肥します。土寄せでイモが日光に当たることを防ぎます。陽に当たるとイモが緑色になり、毒素を持つ原因になるからです。

❻茎や葉が枯れてきたら収穫です。植え付けてから約九〇日が目安です。

【ミニトマト】

●準備するもの

プランター大（大きめの植木鉢でも可）、ミニトマトの苗、移植ゴテ、園芸用手袋、ジョーロ、鉢底石（用土の交換時にネット入りが便利）、支柱一〇〇センチ以上三本、野菜用培養土、化成肥料、麻ヒモ。

●栽培方法

❶プランターに二株植え、わき芽を全部摘み取り、一本の枝だけ残します。トマトはここがポイント。わき芽をたくさん伸ばしておくと、栄養が分散してトマトの生育が悪くなります。一本立ちにすると、長く収穫できます。

❷三本の支柱をピラミット型に立て、頂点を麻ヒモでしっかり結びます。茎が曲がらないように麻ヒモを八の字にして、茎と支柱を結わいて誘引します。

❸実をつけ始めたら、ひと握りほど化成肥料を追肥します。枯れ葉などを取り除いたり、日々の水やりも忘れずに管理し、実が赤くなったら収穫です。

【ナス】

●準備するもの

プランター大（深さ三〇センチ以上の長方形。ナスは根が張るので深さがあるものを用意）、ナスの苗、移植ゴテ、園芸用手袋、ジョーロ、野菜用培養土、鉢底石（用土の交換時にネット入りが便利、支柱（一〇〇センチ以上）二本、麻ヒモ、化成肥料。

●栽培方法

地域にもよるが植え時は五月の連休ごろ。

❶プランターに鉢底石を敷き、培養土を入れたら、ポットよりも大きめに

植え穴を掘り、水をたっぷり注ぎます。

❷水が引いたら苗を植え、土をかぶせて根元を軽く押さえます。ナスは大きく生長するので支柱を立て、麻ヒモを八の字にして支柱に回し、茎をゆったり結わいて誘引します。

❸ナスは水を好みます。表土が乾かないうちに水やりをします。植え付けて一カ月後、元気な枝を残してわき芽を切り取ります。

❹二週間に一度の目安で化成肥料などを追肥します。移植ゴテで土とよく混ぜ合わせ、土寄せします。

❺実がついてきたら、株を疲れさせないために、小さい時に実を摘み取るのがポイント。このように手入れすれば、秋ナスも味わえます。

【キュウリ】

●準備するもの

プランター大（深さ三〇センチ以上あるもの）、植木鉢大、キュウリの苗、移植ゴテ、野菜用培養土、鉢底石（用土の交換時にネット入りが便利）支柱一五〇センチ程度のものを二本、麻ヒモ、化成肥料。

●栽培方法

❶地域にもよるが、植え時は五月の連休ごろ。

❷一五センチぐらいの深さに植え穴を掘り、たっぷり水を入れ、水が引いたら植え付けます。土をかぶせて根元を軽く押さえます。水をやります。ナスとキュウリは水を好みます。特に真夏は朝夕水を与え、水が切れないようにします。

❸花が咲き始めるとツルが伸びるので、支柱を立てて、ツルを誘引し、麻ヒモを八の字に回し、苗を結わきます。

❹花が咲いても結実しないこともあります。肥料切れにも注意して二、三週間に一度ほど化成肥料を与えます。

❺真夏の太陽に晒されると、葉に斑点ができたり、枯れてきます。うどん

こ病などの病気が発生しやすくなります。病気や害虫予防の消毒をしましょう。

夏の漬け物
キュウリも　トマトも
誇らしげに実をつけて
収穫を待っています

1　三五八《さごはち》漬け

福島、山形、秋田県には麹《こうじ》に漬けた「三五八漬け」と呼ばれるふるさとの漬け物があります。塩三、米麹五、米八の割合で漬け床を作ることから「三五八」と呼ぶそうです。

母が元気なころは麹室《こうじむろ》で麹を作り、三五八の漬け床や味噌を作っていました。お盆に実家に帰れば、ぬか漬けではなくキュウリやナスの三五八漬けが食卓に並びました。懐かしい味です。

❶家庭で作る時は甘酒を作る要領で、一合のご飯を柔らかめに炊きます。
❷そこに市販の麹二〇〇グラムをほぐして加え、よく混ぜます。
❸炊飯器を六〇度くらいで保温すると、糖化してきます。
❹炊飯器のフタを開けて、濡れふきんをかけて発酵させます。

〈三五八漬け〉

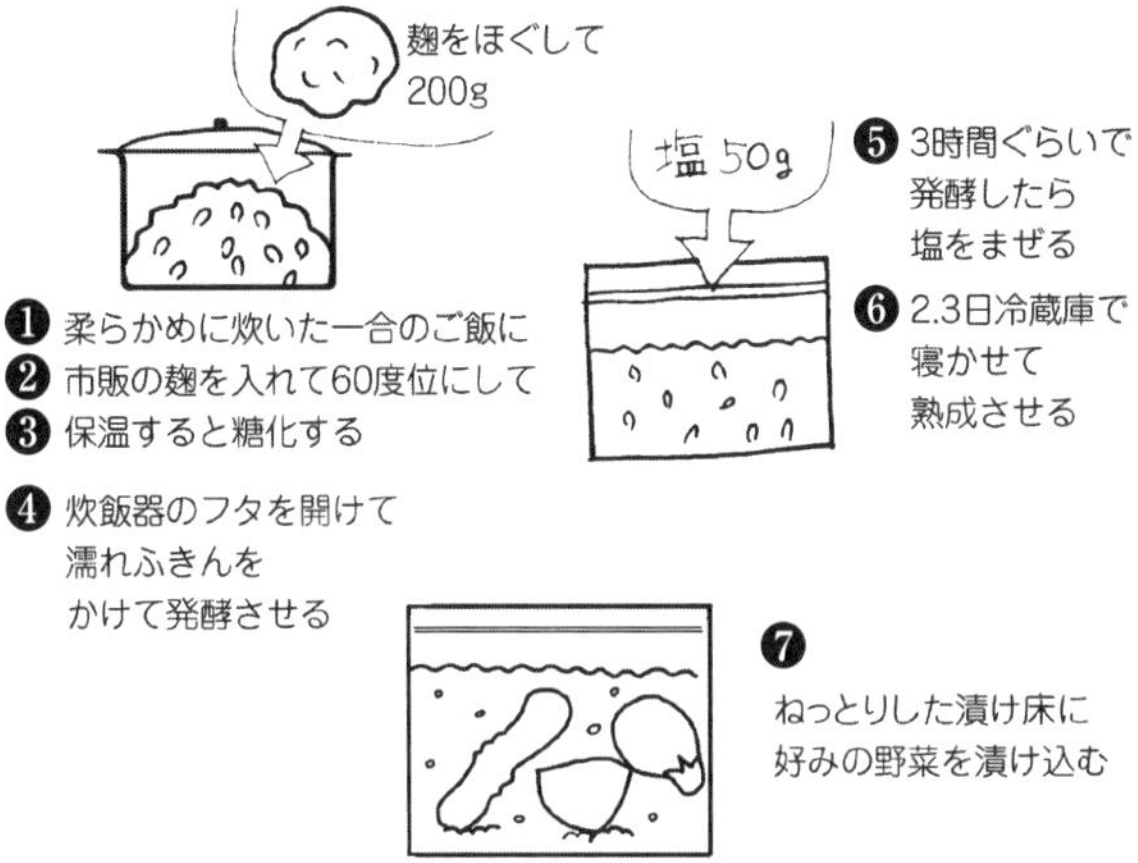
麹をほぐして
200g
塩 50g
❶ 柔らかめに炊いた一合のご飯に
❷ 市販の麹を入れて60度位にして
❸ 保温すると糖化する
❹ 炊飯器のフタを開けて
濡れふきんを
かけて発酵させる
❺ 3時間ぐらいで
発酵したら
塩をまぜる
❻ 2.3日冷蔵庫で
寝かせて
熟成させる
❼
ねっとりした漬け床に
好みの野菜を漬け込む

❺三時間くらいで発酵します。塩五〇グラムを加えてジッパー付保存袋に移します。

❻三日ほど冷蔵庫に置いて熟成させます。

❼麹の香り漂う、ねっとりとした漬け床に、キュウリやダイコン、ナスなど好みの野菜を漬け込みます。上品な甘味と発酵食独特の深い旨味が口の中に広がり、後を引くおいしさです。

秋田県ではハタハタの三五八漬けがよく知られています。塩麹のように魚や肉も漬け込んで、発酵食の旨味と栄養を堪能できるのです。

◆「三五八の素」を使って

漬け床を作る手間が、という時にはスーパーなどで「三五八の素」も市販されています。水を入れるだけで簡単に漬け床ができます。

漬け床をジッパー付保存袋に入れて野菜を入れれば、簡単に三五八漬けが完成します。

半日ほど漬け込めば浅漬けが食べられます。

2 梅干し

猛暑が続く七月下旬ごろ、塩漬けした梅を土用干しします。赤いシソをまとわない白っぽい梅を大ざるに並べ、庭先で何日も天日干しします。シワシワに乾燥した梅をつまみ食いした時のおいしかったこと。酸っぱさとしょっぱさが、暑さを吹き飛ばしてくれたものです。梅の季節になるとみんな活気づきました。梅が熟したころを見計らって、祖父や父が収穫に追われます。

❶母たちはカゴいっぱいの梅をよく洗い、ひと晩水に浸けてアク抜きしていました。

❷なり口を取った梅をきれいに拭いて、下ごしらえをした後に、大きな樽に塩漬けして、ひと晩で水を上げるのです。

母は「キラが浮く」と言っていましたが、長らく塩漬けしていると、梅酢が白く濁り、腐敗することがあります。だからカビを予防するために、

❸漬け込む時に焼酎を振りかけるのです。

母は「気が抜けないいんだぞい」と言って、よく桶をのぞいていました。なにしろ梅の量が多いから梅を引き揚げて、梅酢を煮沸消毒することになったら、大ごとだったのでしょう。

❹そして迎えた土用干し。今度は夕立が来て雨に濡らしたら大変と居合わせた子供たちもかりだされ、雨模様になるとザルの取り込みを手伝いました。

❺畑に自生している赤シソを切り取ってきて、塩で揉み、すり鉢に入れて力を入れてこすりつけ、何度もアク抜きをします。

「真っ赤な色になるまでやるんだよ」。

❻茶色っぽい水が赤紫色になってきます。これを白い梅とシソを順番に重ねて、最後に落としぶたをして出来上がり。

〈梅干し〉

❶

よく洗いひと晩
水に浸してアク抜きをする

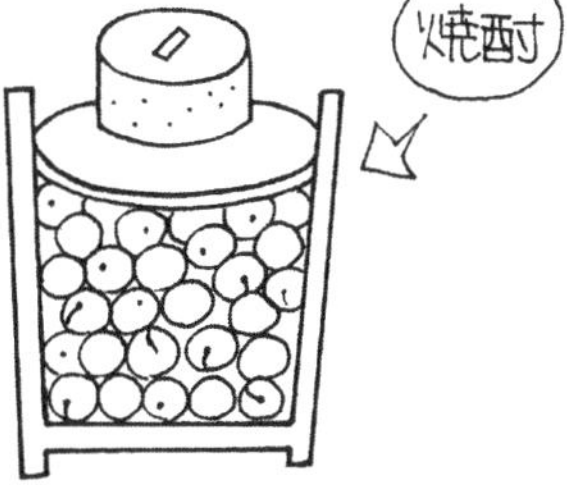

❷ 塩をふって全体をまぜる

❸ 漬け込む時に焼酎を振りかける

❹

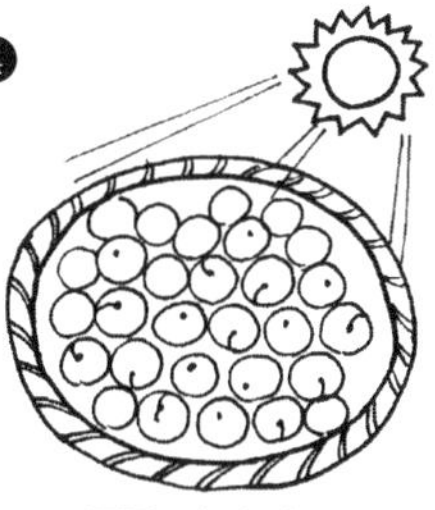

天日干しをする

❺

赤シソを塩でもみ
すり鉢でこすりつけ
何度もアク抜きをする

❻

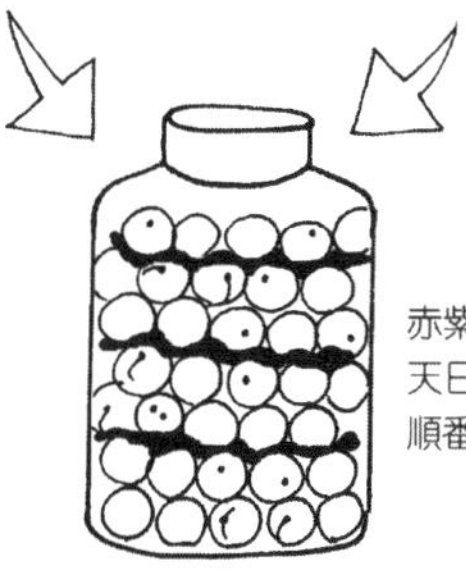

赤紫色になったシソを
天日干しにした梅と
順番に重ねて漬ける

母の梅干しはシソの香りがする、赤紫に漬かった真っ赤な梅干しです。おにぎりに入れるとご飯粒が真っ赤になりました。

母が最も得意としたのが梅干し作り。赤い梅酢がしたたる梅干しを、みんなに配っていました。

3 キュウリの梅酢漬け

❶梅干しの真っ赤な梅酢をジッパー付保存袋や瓶などに取ります。
❷キュウリは丸ごと塩をまぶしてすり込み、まな板の上で転がして板ずりし、塩を洗い流しておく。
❸梅酢の中に板ずりして、緑が鮮やかに、味がしみ込みやすくなったキュウリを乱切りにして投入します。
❹ミョウガも梅酢によく合います。二等分すると食べやすいでしょう。

猛暑の最中は、梅酢漬けのキュウリをひと切れ食べただけでも元気がでます。母たちは「梅干しを漬けたらひと晩で梅酢を上げないといけない」と言っていましたが、漬け物の漬け汁にするためにも大事だったのです。

梅酢はポリフェノールの含有量が多く、夏バテ、疲労回復に有効とされています。

野菜だけではなく酢ダコなど酢の物などにも応用できます。ただ、何度も具材を漬けていると、梅酢もピンク色に薄まってきます。酢が苦手な人には薄味なので口に合うかもしれませんが、梅酢のキリッとした酸っぱさをを堪能するには新しいものに替えて漬け込みましょう。

梅酢は市販されていますので、梅干しを漬けなくても手軽に手に入ります。

4 ラッキョウ漬け

六月ごろ、生のラッキョウがスーパーや八百屋に出回ります。実家では昔はラッキョウも栽培していたようですが、最近は市販のものを購入して作っているようです。

私もここ一〇年ほど、鳥取砂丘の泥付きラッキョウを買って二キロほど手作りしています。根を切り落として根気よく皮をむくのですが、他の用事にかまけていると半日ぐらいかかってしまいます。

❶果樹酒用の瓶を熱湯を注いで消毒してよく乾かします。

❷むいたラッキョウをきれいに洗って、沸騰した鍋にラッキョウを入れて熱湯消毒を兼ねて一分ほど煮て冷まします。

❸市販のラッキョウ酢でもよいのですが、甘さを抑えたい場合は、普通の酢などでもよいと思います。

〈ラッキョウ漬け〉

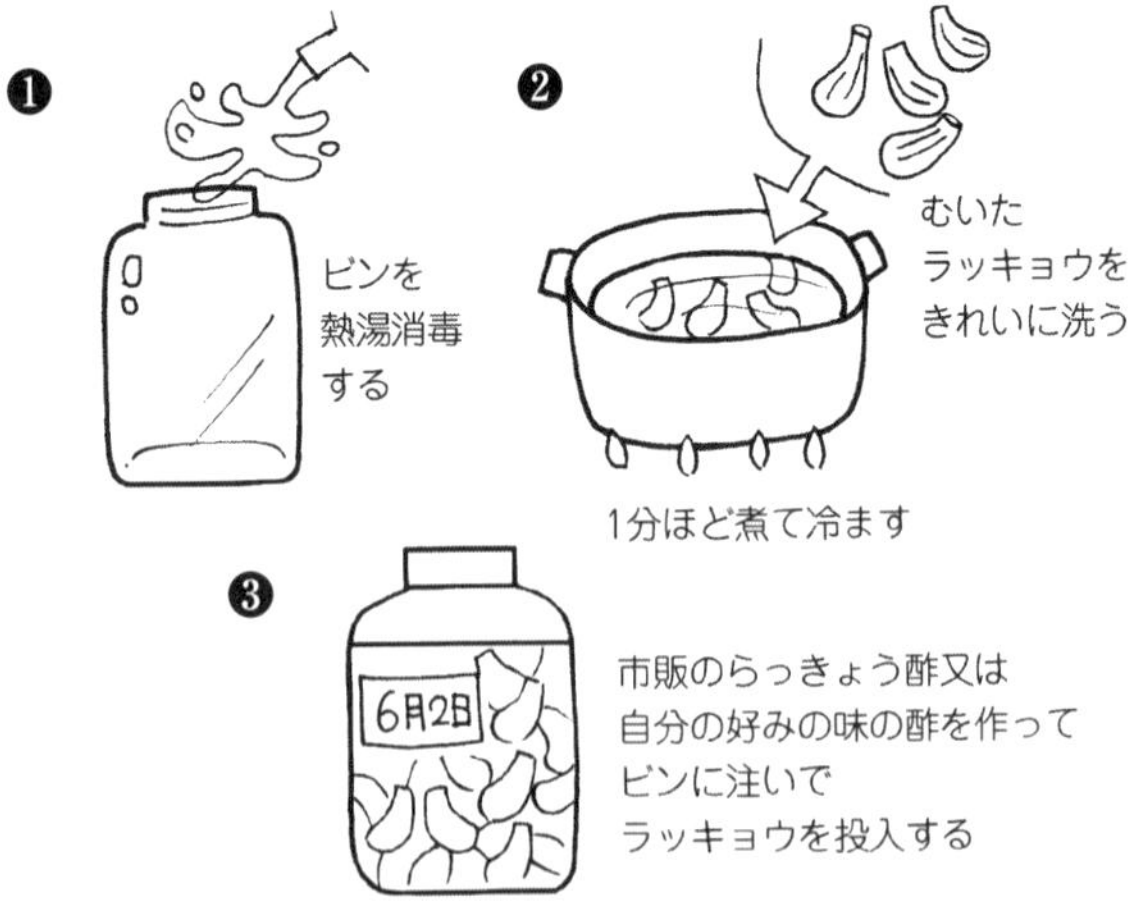
❶
ビンを
熱湯消毒
する
❷
むいた
ラッキョウを
きれいに洗う
1分ほど煮て冷ます
❸
6月2日
市販のらっきょう酢又は
自分の好みの味の酢を作って
ビンに注いで
ラッキョウを投入する

好みでピリ辛にしたい時は輪切りの唐辛子を加えてみます。

❹酢を瓶に注いで、ラッキョウを投入します。瓶のふたに作った日を付箋などに書いて貼っておきます。一カ月ほどで食べられるようになります。

ラッキョウの栄養を見ると、食後の血糖値を下げるフルクタンという栄養素やビタミンC、カルシウムなどが含まれ、疲労回復や免疫力を高める成分もあるようです。

薬代わりに「ラッキョウを毎日一個

ずつ食べている」という友人もいるほど、健康保持に有効です。

皮むきが面倒という人には塩漬けのラッキョウも売られています。

酢さえあれば手軽にラッキョウを漬けられます。好みでハチミツを入れるなど「マイラッキョウ」にチャレンジしてみてください。

ラッキョウ酢が多くなった場合、私は大さじ一杯ほどコップに入れて、水割にして飲んでいます。朝の一杯はキリッと体がしまり、元気がでます。

5 キュウリのしょうゆ漬け

私の家庭菜園では、最盛期には毎日六～七本のキュウリが獲れます。農家では桶に漬け込んで古漬けを作りますが、カッパのキューちゃん風にしょうゆ漬けにしてみましょう。

❶キュウリを好みの厚さに切ります。
❷しょうゆとみりん、砂糖、酢を少々入れてひと煮立ちさせ漬け汁を作る。
❸そこに切ったキュウリを投入して数分浸け込み、引きあげて冷まします。
❹再び汁を煮立てて冷めたキュウリを汁に浸けます。これを五回繰り返します。キュウリはしょうゆがしみ込んで、カッパのキューちゃんのように茶色になります。
❺これをジッパー付保存袋に入れて冷蔵庫で保存します。

キュウリのパリパリとした歯触りが食欲をそそります。「しょっぱいのは苦手」という人は三回程度の浸け込みにしても構いません。

❻辛いのが好きな場合は、あらかじめ漬け汁に輪切りの唐辛子を適宜入れて辛味にしてください。

❼千切りにした根ショウガを漬け汁に入れて煮立てると、ショウガの風味が際立ち、キュウリが一層美味しくなります。

〈キュウリのしょうゆ漬け〉

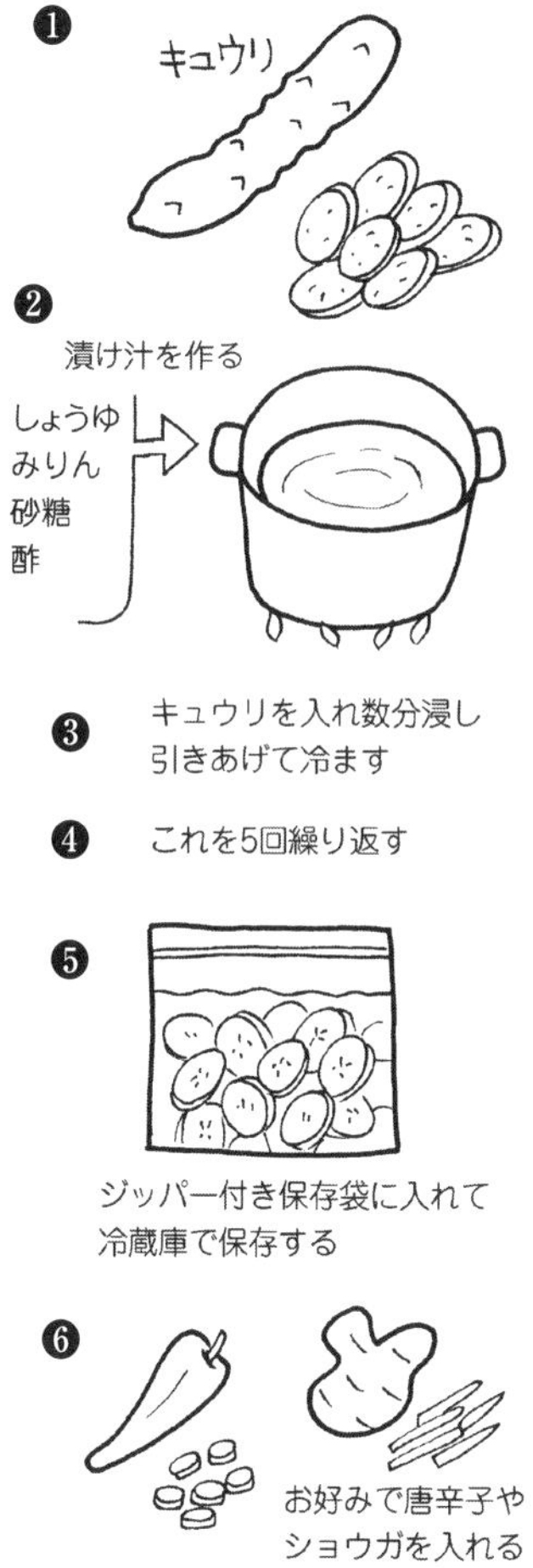
❶
キュウリ
❷
漬け汁を作る
しょうゆ
みりん
砂糖
酢
❸
キュウリを入れ数分浸し
引きあげて冷ます
❹
これを5回繰り返す
❺
ジッパー付き保存袋に入れて
冷蔵庫で保存する
❻
お好みで唐辛子や
ショウガを入れる

6 青シソの塩漬け

真夏になると畑に自生した青ジソ（大葉）が枝を伸ばして樹木のように生長します。これが何本も生い茂っているのです。

母たちは枝を伐採して、シソの葉を一枚一枚摘み取ってよく洗い、水気を拭き取り塩漬けにしました。田舎では甕《かめ》に漬け込んでいましたが、私は簡単にジッパー付保存袋に入れて漬けています。

❶摘み取ったシソは今の要領で水気を取って一枚一枚五〇枚ほど重ねます。

❷四、五枚めくって、塩をひとつかみパラパラと振っていきます。

❸全体に塩をまぶしたシソをジッパー付保存袋に入れて冷蔵庫で保存します。

❹塩漬けしたシソはだんだん色が黒くなってきて、水分もでてきますが、そのまま漬け込んでおきます。

囲炉裏があった時分はシソを巻いた握り飯を網に乗せて焼いて食べました。

〈青シソの塩漬け〉

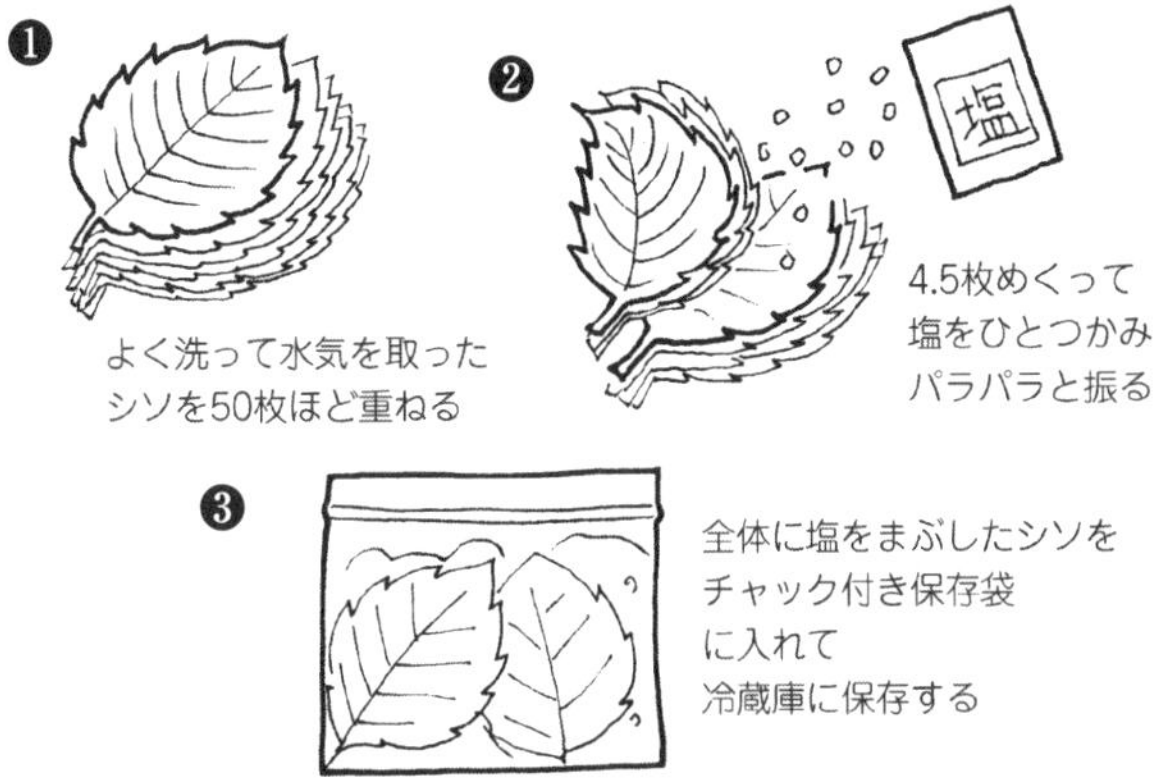
❶
よく洗って水気を取った
シソを50枚ほど重ねる
❷
塩
4.5枚めくって
塩をひとつかみ
パラパラと振る
❸
全体に塩をまぶしたシソを
チャック付き保存袋
に入れて
冷蔵庫に保存する

ひっくり返す時に灰に落としたりすると、「でかける時に落とすのは縁起が悪い」などと祖母に戒められたものです。

今はグリルやオーブンで焼きますが、冷ご飯もホカホカになります。中に入れる具は熱を加えてもおいしく食べられるシャケやオカカなど。

焼くとシソがパリパリッとして、塩気が白く粉を吹いたようになります。時間が経つとシソが湿ってきますが、冷めてもおいしい。さっぱりとした食感が真夏の胃袋を喜ばせてくれます。

7 薄皮丸小ナス漬け

八月の旧盆には山形県の出羽三山のふもとに位置する夫の実家、羽黒町手向《とうげ》に里帰りしていました。山伏修験の霊験あらたかな地域で、夏には東北各地から講中の信徒が白装束に身を包み、神々を祀る三山を詣でるのです。

ふもとの町には約六〇軒もの宿坊があり、講中の信徒が投宿します。義兄亡き後は甥が当主となった「太田坊」、亡夫の従弟は「宮田坊」を営み、地域全体が厳かな神道の雰囲気を醸しています。

その宿坊で供するのが山の幸です。ワラビやゼンマイ、月山筍など、地元の女性が代々受け継いできた山菜料理に舌鼓を打つのです。

なかでも山形の伝統野菜、薄皮丸小ナスの浅漬けの美味しさは格別です。義姉が漬け方を教えてくれました。

❶ビー玉よりも少し大きな丸い小ナスをボールに入れて塩とみょうばん、砂糖を少々加え、よくかき混ぜます。
❷木製の押さえフタをして一晩漬ければ翌朝食べられます。薄皮なのですぐに漬かるのです。
❸食べる時に、みょうばんの苦みを取るために、ちょっと水をかけるのがコツと教わりました。洗ってしまうと水っぽくなり、色も悪くなるのです。
❹残ったらジッパー付保存袋に入れて冷蔵庫で保存しますが、色が悪くなるので早めに食べきること。はじめは少量を漬けて試してみるとよいでしょう。

小ナスの青紫とヘタを取り除いた白のコントラストも鮮やかに、噛むとプチッと弾けて、程よい塩加減とほのかな甘味が口中に広がり、極上の浅漬けが後を引きます。

義母が朝食の卓にどんぶり一杯の丸小ナス漬けを差し出すと、子供や孫の手が一斉に伸び、取り合って食べたことを思い出します。

8 夏野菜の即席漬け

野球をしていた福島の甥たちが、夏休みの部活動にでかける時に、義妹は「元気が出るから」と言って、おにぎりに塩気の効いた「ナスとキュウリの浅漬け」を持たせたのを思い出します。

❶ナスとキュウリを薄く切ってジッパー付保存袋に入れ、浅漬けの素を適量注いで揉み込むだけでよいのです。

汗だくになって白球を追いかける球児には漬け物が十分塩分補給になることを義妹は知っていたのです。

部活の練習でなくとも、夏場の浅漬けはさっぱりとして口当たりがよいものです。

❷カブやダイコンをスライスしてもよいですし、キャベツとニンジンなど、

さまざま工夫してみてください。

❸野菜を適宜切って浅漬けの素や塩、しょうゆなど調味料でアレンジして浅漬けを楽しみましょう。

❹さらに唐辛子の輪切りやニンニクやショウガの千切りをトッピングしたり、市販の塩昆布を入れて味よく仕上げるのもよいと思います。

サラダだけではなく、浅漬けでも夏野菜をたっぷり摂りたいものです。

9 薄皮丸小ナスの辛子漬け

山形の薄皮丸小ナスは辛子漬けも有名です。宿坊「太田坊」の義姉が家庭で簡単にできる「小ナスの辛子漬け」を教えてくれました。

❶浅漬けと同じ要領でナスをボールに入れて塩とみょうばんを加えてよく揉み、ひと晩漬けます。

❷翌朝、ちょっと水をかけた後、しっかり水気を取って和辛子と砂糖を入れて一週間程度漬け込みます。手軽にジッパー付保存袋で漬けてみましょう。

❸辛いのが好物ならそのままで、苦手な人や子供は水洗いして食べるとよい。

◆きゅうりの辛子漬け

この要領でキュウリの辛子漬けも作ってみましょう。

❶キュウリは一センチ程度の輪切りにして、漬け物容器やジッパー付保存袋で塩漬けします。
❷ひと晩で漬かったキュウリはよく水を絞って、和辛子を適宜入れてよく揉み込んで辛子を絡めます。
二日ほど置いたら美味しくなります。

◆ナスの辛子漬け

一般に売られているナスでも即席辛子漬けが作れます。
❶ナスを二本ほど好みの厚さに切って塩をまぶしてよく絞ります。
❷砂糖と粉の和辛子を混ぜ合わせ、ナスと一緒にジッパー付保存袋に入れて揉み込んで出来上がり。

和辛子をたっぷり絡め、鼻にツンとくる辛さと香りが食欲をそそります。ポイントはよく水気を取ること。水分が多いと風味を損ないます。

10 しなべキュウリ

山形の名物漬け物に「しなべキュウリ」があります。古漬けにしたキュウリを漬け直し、シナシナにしなびさせるので、「しなべキュウリ」というのです。

宿坊の義姉たちは、夏に獲れたキュウリを桶などにどんどん塩漬けして貯めていくそうです。

❶晩秋に塩漬けのキュウリを取り出し、薄い塩水に三〇分ほどつけて塩抜きします。味見して時々、塩の抜け加減をみます。

❷しょうゆに砂糖、唐辛子を加えて沸騰させて漬け汁を作り、冷まします。

❸漬け汁にキュウリを浸けて重石をします。「しなびさせるには重石が大事」と教わりました。

❹春頃まで漬け込んだキュウリはシナシナにしなび、しょうゆ味と唐辛子の

効いた格別な古漬けになっているのです。

ご飯のお供だけではなく、酒のつまみにも最適です。細かく刻んでお茶漬けで食べるのが好きという人もいます。

塩漬けするだけではなく、しょうゆで二度漬けするのが「しなべキュウリ」の美味しさの秘密です。

宿坊の女将さんに習って、挑戦してみましょう。

❶漬け物容器などにキュウリを五、六本塩漬けして古漬けにします。

❷二度目のしょうゆ漬けがポイント。再度、漬け物容器でしっかり押しを効かせて数カ月しょうゆの漬け汁に漬け込み、しなびさせます。

11 塩かけトマト

子供のころ、灼熱の日差しを受けて、温もったトマトをもぎ取って食べたことを思い出します。何とも言えない青臭さと実のしまった歯ごたえが真夏を感じたものです。

ピクルスや浅漬けでも味わえる夏野菜の代表格、トマトを漬け物に加えました。煮たり焼いたり炒めたり、イタリアンでもフレンチでも自由自在ですが、シンプルに塩をかけて食べるのが一番おいしいと思います。

「いや砂糖をかけるのが一番おいしい」という人もいるでしょう。福島では何といっても塩派です。最近のトマトは新種が増えて甘味を追求したものが多いのですが、青臭いトマトが本当のトマトの味だと思っています。

冷蔵庫で冷やした「冷やしトマト」は八等分くらいに切って、塩をパラパラかけて食べます。トマトの旨味がグッと引き立ちます。

実家では十数年前からミニトマトを作るようになって、キュウリとミニトマトの酢漬けなども味わっているようです。

◆ミニトマトの砂糖漬け

デザートにもなる「ミニトマトの砂糖煮」を作ってみましょう。

❶トマトのヘタをとってよく洗ったら、沸騰したお湯にトマトを数秒浸けて、冷水に浸けると簡単に皮がむけます。トマトの湯むきはこの要領で行います。

❷皮がむけたところに、塩少々と砂糖をまぶしてしばらく置いて水分を出し、その後少し煮るだけで完成。

トマトに水分があるので水を入れないのがコツです。

〈夏の郷土料理〉

●冷やし汁

真夏の昼ご飯にはよく冷たい「冷やし汁《じる》」を作りました。

❶秋に収穫したジュウネン（エゴマ）の実を炒《い》ってすり鉢で擦《す》って、そこに味噌と砂糖少々入れて再び擦ります。

❷そこに冷たい水を注ぎ、薄切りのキュウリを散りばめて、ご飯や温麺《うーめん》にかけて食べるのです。

ジュウネンの香ばしい香りとコクが母の手作り味噌によく合いました。

さっぱりとした素朴な食感が忘れられません。ナスがたくさん獲れますから、付け合わせは味噌味の「ナスの油炒め」。青ジソを刻んで入れると、風味と共に食が進みました。

「ナス揚げ」や「ナスの油炒め」など、ナスは油と相性がよく、夏の定番メニューです。ピーマンや豚肉と炒めたり、バリエーションも豊富です。

そうめんのつゆに入れて麺に絡めて食べるのもお勧めです。

ジュウネンの実が手に入らない時は、擦った白ゴマで冷や汁を作ってみましょう。

味噌汁よりもさわやかで、暑気払いにもなる一杯です。

●豆擦《ず》り餅

八月の旧盆のころに枝豆が獲れると「豆擦り餅」を作りました。擦りつぶした枝豆を炊いたもち米にまぶす、いわゆる「ずんだ餅」です。実家ではおはぎはごちそうでお盆やお彼岸にはよく作りました。

❶枝豆は少し柔らかめに茹で、丁寧に擦り潰します。
❷緑の豆を色よく仕上げるために、砂糖と塩で味付けします。
❸もち米にうるちを三割くらい混ぜて炊いたご飯を擦り小木などでよくついて、食べやすい大きさに丸めます。
❹擦った枝豆をまんべんなくまぶして出来上がり。

枝豆の風味と美味しさを満喫できる夏のおはぎです。
母は前の晩から小豆を煮て、あんこ餅も作っていました。

盆入りの夜には豆擦り餅やあんこ餅、赤飯も蒸かしたりして、ごちそうをたくさん持って墓参りに行ったものです。

昨今は冷凍枝豆があるので季節感はないですが、九月過ぎまで生の枝豆が味わえます。枝豆を冷凍することもできるので、サラダのトッピングや豆ご飯など、使い道は豊富です。

●宿坊のゴマ豆腐

宿泊客のお膳にはよく義姉お手製のゴマ豆腐が付きました。口の中でとろけそうな滑らかなゴマ豆腐を包み込むように、甘辛いトロミのあるあんが引き立てます。また、あんの味加減が絶妙なのです。

東京から行った者は「おいしい」とほめるのですが、難しそうで作り方を聞かずにいました。義姉にそっと聞いたら、

❶「白ゴマを湯飲み茶わん一杯、水五杯、片栗粉一杯を用意して、白ゴマはミキサーにかけて粉砕するの」。

大胆な説明には驚きましたが、半世紀以上も作っていると、もう勘と目分量で、すべてが分かるのです。

❷ミキサーにかけたゴマを漉《こ》し、水と片栗粉を入れて火にかけ、へらで「の字」が書けるようになるまで静かにかき回す。

❸それをバットに流し込みます。
❹別の大き目のバットに半分ほど水を入れ、温かいゴマ豆腐のバットを入れて冷まし、固めます。
❺美味しさの決め手になるあんは水六、三温糖四、しょうゆ一、片栗粉一の割合で鍋に入れてかき混ぜてから火にかけます。片栗粉が固まるまで焦がさないようにかき回します。つやが出るようになるのが目安です。
❻あんの上に摺り下ろしたショウガをトッピングしていただきます。
「最初は失敗しても何度も作ってみることだね」と義姉に励まされました。市販のものとは一味違う、宿坊のゴマ豆腐を作ってみましょう。

〈 宿坊のゴマ豆腐 〉

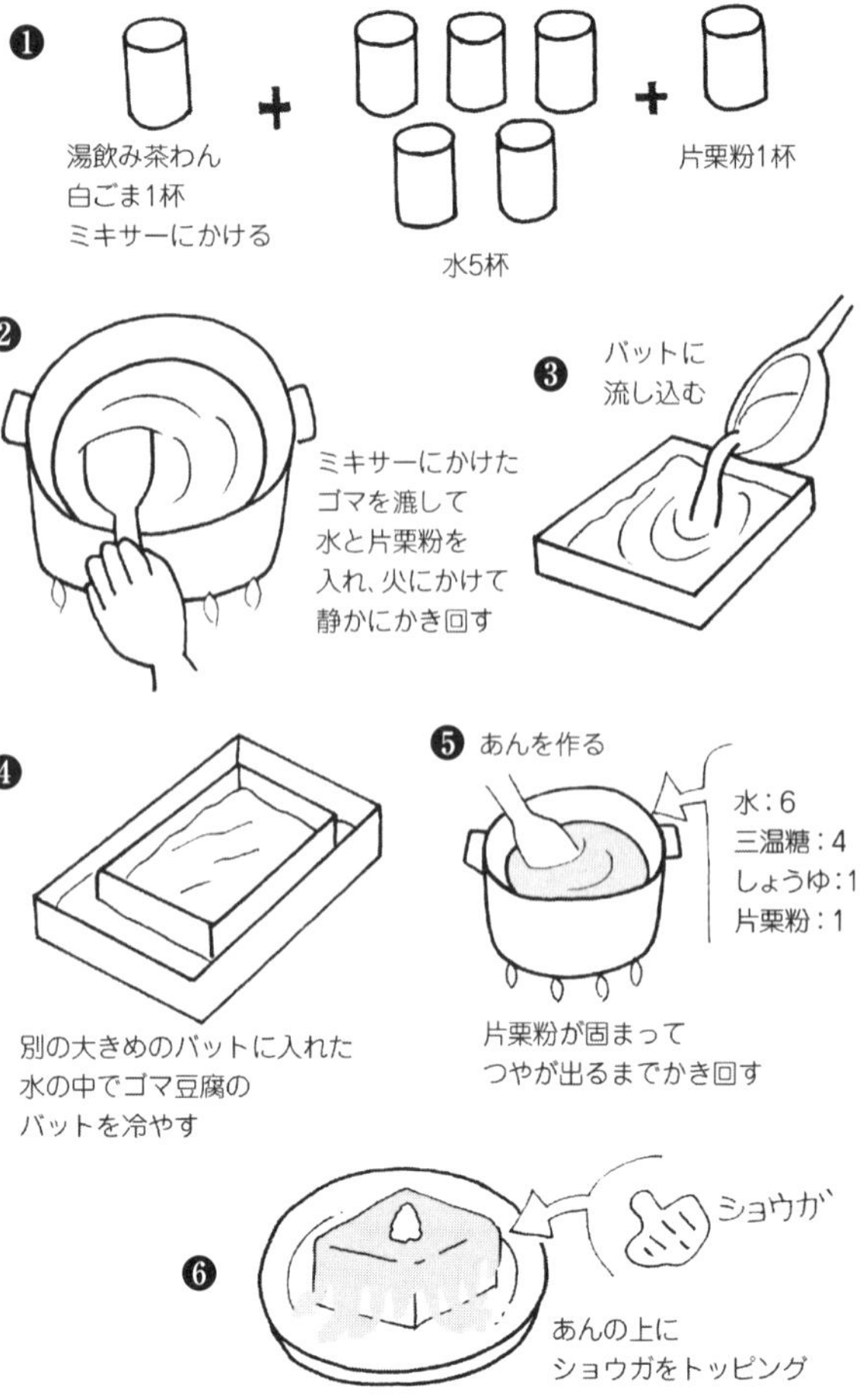
❶
湯飲み茶わん
白ごま1杯
ミキサーにかける
水5杯
片栗粉1杯
❷
ミキサーにかけた
ゴマを漉して
水と片栗粉を
入れ、火にかけて
静かにかき回す
❸
バットに
流し込む
❹
別の大きめのバットに入れた
水の中でゴマ豆腐の
バットを冷やす
❺ あんを作る
水：6
三温糖：4
しょうゆ：1
片栗粉：1
片栗粉が固まって
つやが出るまでかき回す
❻
ショウガ
あんの上に
ショウガをトッピング

●蒸しナス

福島では野球のボールのような丸ナスをよく食べました。最近は長ナスを作ることが多くなりましたが、丸ナスは固く実がしまって焼けばモッチリ、蒸せばトロトロ、「美味しいなあ」と思いました。

❶ナスの頭に十文字に包丁を入れ、皮をむかずに蒸し器で一〇分程度蒸します。表皮がねっとりとして柔らかそうな色に変わります。
❷ナスを取り出して氷水で冷まします。
❸食べやすいように四つに切って、カツオ節とおろしショウガを乗せ、しょうゆで食べます。

ナスは九〇%以上が水分ですが、紫色の皮にはポリフェノール「ナスニン」

という成分が含まれています。強力な抗酸化作用があり、さまざまな生活習慣病の予防効果があるといわれています。

栄養豊富な皮も一緒に食べましょう。

冷えた柔らかな丸ナスはほんのり甘く、いくらでも食べられます。


東京・巣鴨のとげぬき地蔵入り口で和菓子の「伊勢屋」を営む叔母も福島出身です。従業員の賄い料理に漬け物に、郷土の味をふんだんに手作りしています。

「夏は暑いからナスを食べて水分補給してきたのよ。冷え過ぎないように、おろしショウガをかけてね」

八六歳でも今だに現役で厨房に立っていられるのも、心得た食生活を実践しているからでしょう。

「焼きナスも同じよ。皮も食べなきゃ」

ナスはおいしいだけではない、叔母はまるごと栄養があることも知っているのです。

●鶴岡のだだちゃ豆

庄内藩の殿様が「うまいうまい」と言って食べたという鶴岡の伝統野菜「だだちゃ豆」。近年は全国に流通されるようになりましたが、鶴岡産のブランド枝豆で値段も割高です。

「だだ」とは庄内弁で「お父さん」という意味。殿様に愛されたように、お父さんの茶豆なのです。

さやの豆は平たく小ぶり。茹でる時はさやのうぶ毛をこすり落として沸騰したお湯に入れ、五〜六分茹でれば食べられます。沸騰すると何とも言えないふくいくとした豆の香りが立ち昇ります。

旧盆に身内が集まると、大盛りのだだちゃ豆のざるがいくつもテーブルに並びました。プチプチとはじいて口に頬張ると、豆の旨味と香りが後を引き、何度も手が伸びるのです。

酒飲みにはこたえられないつまみです。

しかも、だだ茶豆には肝臓の働きを助けるオルニチンがしじみよりも多く含まれているそうです。

つまみだけではなく、彩りよく豆ごはんやサラダなどで、料理にも活用しましょう。


私はさやから豆をはじいてジッパー付保存袋に入れ、冷凍して正月のおせち料理に使っています。

だだちゃ豆と切り干し大根、カズノコのハリハリ漬け。おせちの箸休めになる一品です。

●かまど焼きトウモロコシ

夏はトウモロコシとジャガイモがあればいいというほど大好物の夏野菜です。もぎたてのトウモロコシを外の皮をむいて火箸を刺して、かまどに投げ込んで蒸し焼きにしたり、茹で立てアツアツのトウモロコシをハーモニカのように吹きながら夢中で食べたものです。採り立てだからジューシーで甘い、生でも食べられそうな鮮度がうれしかった記憶があります。

なんでトウモロコシが郷土料理？　と思われるかもしれませんが、薪が燃料だった昭和中期のかまど焼きは懐かしいふるさとの味なのです。

ご飯炊きではよくかまどの火の番をしました。火が下火になったころに皮付きのトウモロコシを数本放り込むのです。

そういえば、火の番をしながら本を読んだり宿題をしたり。さらに祖母に昔話を聞いたりして、「かまどコミュニティ」のようなものがありました。

今でこそ、トウモロコシのレシピは豊富ですが、当時は実をほぐしてかき揚げにするくらいだったと思います。

かまど焼きには少し焦げ目があって、そこにしょうゆをたらすと芳ばしい香りが立ち込め、言葉にならないほど美味でした。

◆かまど焼き新ジャガイモ

これにならって新ジャガイモもかまど焼きで食べました。

または、蒸し器で一〇数分蒸《ふ》かすと、ジャガイモの薄皮がパックリ剥がれ、白いイモが顔を出しています。そこに塩を振りかけて食べるのです。ホクホクしたジャガ本来の旨味がシンプルな塩で引き立つので、バターがなくても充分においしいです。

今なら電子レンジやオーブンで簡単に調理できますが、当時はかまど文化でした。

●カレーじゃが

私が子供のころ、母が小麦粉を炒めてカレー粉と練り合わせてルーを作っていました。豚肉よりもジャガイモやニンジンなど、野菜がいっぱい入った、ねっとりと粉っぽいカレーのルー。

「ライスカレーってこんなものなんだ」。子供心に珍しくて、おかわりして食べたものです。

カレー粉が登場したおかげで、田舎料理のバリエーションも豊かになりました。


たとえばカレー粉を使った炒めもの。

❶ジャガイモやニンジンを太めの短冊切りにして油で炒めます。
❷しんなりしてきたところで、短冊切りにした魚肉ソーセージを炒め合わせ、

しょうゆと砂糖で味付けして、カレー粉を加えて軽く炒めるだけです。

今ではありふれた惣菜かもしれませんが、昭和時代のカレー料理は新鮮な味覚でした。またカレー粉とジャガイモの相性がとてもよいのです。

彩りよくインゲンを加えたりして、よく弁当のおかずにしました。

魚肉ソーセージも出始めのころはこれもまた珍しく、子供たちはよくまるかじりしていました。

今でも肉料理の付け合わせなどに「カレーじゃが」を作ります。半世紀以上も前になりますか、カレーに出会った子供たちはもう後期高齢者の域に達しています。素朴な「カレーじゃが」、「カレーイモ」は、おばあちゃんも食べてきた懐かしいふるさとの味なのです。

始めよう！　野菜作り【夏】

八月に入るとキュウリはそろそろ終わり。思い切って秋野菜の種まきにチャレンジしてみましょう。

ナスは秋ナスが楽しめるので思い切って半分ぐらいに剪定します。九月ごろ実のしまったおいしい秋ナスが獲れます。

野菜作りが面白くなってきたところで、空いたプランターに夏まきの野菜の準備をしましょう。

●夏に植える野菜

小松菜、ブロッコリー、ミズナなど。

【小松菜】

●準備するもの

プランター大（大きめの植木鉢でも可）、小松菜の種、園芸用移植ゴテ、園芸用手袋、ジョーロ、ピンセット、野菜用培養土（新しい培養土に換えます）、鉢底石（ネット入りが用土交換の時に便利）、化成肥料。

●栽培方法

小松菜は初心者でも失敗することなく、間引きをしながら育てることができます。

❶プランターに鉢底石を敷き、八分目くらいまで培養土を入れます。

❷支柱などを土に押し当て、深さ五ミリ程度のまき溝を作ります。条間（まきすじの間隔）は一五センチ程度で二～三条作り、条まきにします。

❸一センチぐらいの間隔で種をまき、種が見えない程度に薄く土をかけます。まき溝の周りの土をかぶせて、軽く手で押さえます。

❹発芽までは乾燥しないようにこまめに水やりをしましょう。
❺一週間ぐらいで発芽します。苗が出そろったところで、ピンセットで一回目の間引きをします。間引いた苗はサラダや味噌汁に。
❻本葉が四枚程度になったら二回目の間引きをします。苗が倒れないように静かに水やりをします。
❼混み合ってきたら間引きしましょう。夏まきなら約一カ月で収穫できます。

【ブロッコリー】

●準備するもの

プランター大、（大きめの植木鉢でも可）、ブロッコリーの種、園芸用移植ゴテ、園芸用手袋、ジョーロ、ピンセット、野菜用培養土、鉢底石（ネット入りが用土交換時に便利）、化成肥料、新しい培養土に換えます。

●栽培方法

ブロッコリーはキャベツの仲間で、地中海沿岸地域が原産地とされ、日当たりのよい場所を好みます。私も種から育てています。毎年、秋には自前のブロッコリーを味わっています。

❶一つのポットに一〇粒くらい種をまいて、三ポットほど作ります。

❷毎日ジョーロで水やりをします。一週間程度で発芽します。

❸芽が出そろい、五センチぐらいになったら丈夫そうな苗を残し、ピンセットで間引きします。間引いた苗はサラダのトッピングに。猛暑時にはしっかり水やりをしましょう。

❹本葉になって苗が一〇センチぐらいに育ったら大きなプランターなら二、三株定植します。ブロッコリーは約八〇センチぐらいに生長するので、三株が限度です。

❺化成肥料を株の根元にまき、土に混ぜて土寄せします。水やりはこまめに行います。

❻一一月ごろになると花つぼみが育ち、収穫できるまでに生長します。

❼中心部を切り取っても脇から花つぼみがでてきて、一二月ごろまで収穫できます。

【ミズナ】

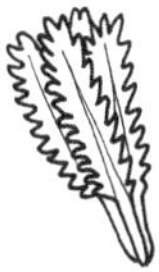

●準備するもの

プランター大（大きめの植木鉢でも可）、ミズナの種、園芸用移植ゴテ、園芸用手袋、ジョーロ、ピンセット、野菜用培養土（新しい培養土に換えます）、鉢底石（用土交換の時にネット入りが便利）、化成肥料。

●栽培方法

ミズナは種をまけば、ひとりでに生長する手間のかからない葉もの。初心者にお勧めです。

❶プランターに鉢底石を入れます。野菜用培養土を入れて土を平らにし

ます。

❷支柱などを使って、まき溝を作ります。二条（二すじ）が目安です。

❸五ミリ間隔で、一粒ずつまっすぐ一列にまきます。二列作ります。

❹種が隠れるくらい土をかぶせ、たっぷりと水やりします。

❺一週間ぐらいで発芽します。双葉になり、本葉が出始めたらピンセットで一度目の間引きをします。間引き菜はサラダや味噌汁のトッピングに。

❻葉の数も増えて混み合ってきたら、二度目の間引きをします。

❼約四〇日ぐらいで収穫できます。クセがないので生でサラダやパスタの彩りに、鍋や味噌汁など用途も豊富です。

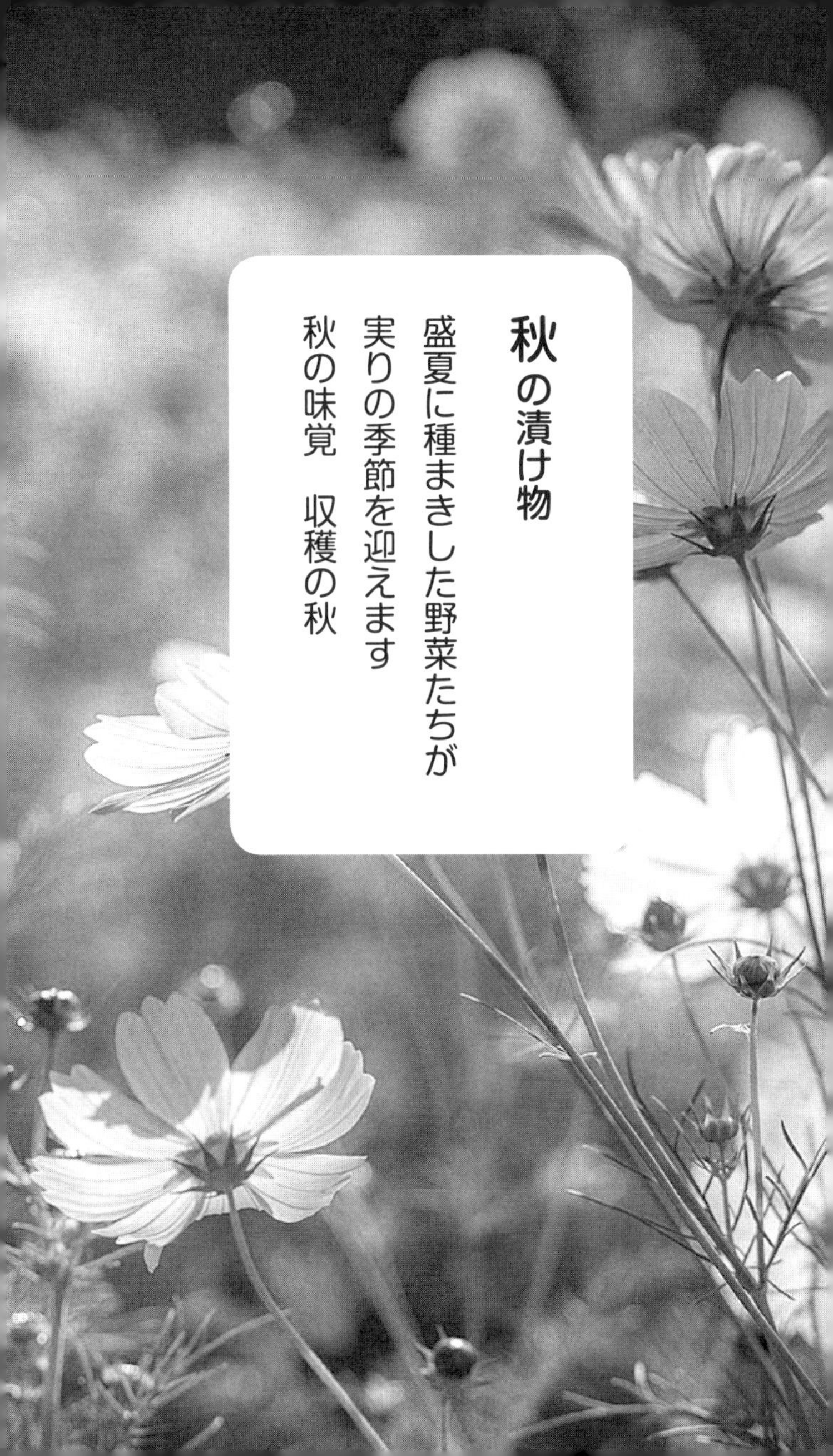

秋の漬け物

盛夏に種まきした野菜たちが
実りの季節を迎えます
秋の味覚　収穫の秋

1 秋カブの漬け物

九月のはじめに種まきしたカブが一一月に入ると、丸々と太って土の中から顔を出しました。生長が遅く、何度間引きしたことでしょう。間引き菜は味噌汁や煮物などの彩りに便利でしたが、やっぱりカブは浅漬けで食べたい。

❶カブは実と葉を切り分け、新鮮なカブなので皮はむかずに二つに切ってさらに半月切りにします。
❷葉はサッと湯がいて青臭さを取りましょう。その青臭さが好きという人はそのままで。
❸茎は二センチぐらいに切り、実と一緒にジッパー付保存袋に入れ、昆布だしと塩、好みで輪切りの鷹の爪を加えて、よく揉み込みます。

昆布だしがない時は出汁昆布を細く切って入れます。
❹空気を抜いて冷蔵庫で保存します。

あっさり派なら一時間ぐらい漬ければ食べられます。しっとり派は一晩置くと、カブの旨味がしみ込んでジューシーになります。

母たちはカブのぬか漬けや三五八漬けをたくさん漬け込んでいました。発酵した麹やぬかの旨味は格別でした。

しかし、せわしない現代人には、一〇分で調理できるジッパー付保存袋漬け物が便利で相性がよいのではないでしょうか。

2 江釣子《えづりこ》漬け

岩手県にUターンした友人が北上市の旧江釣子村に伝わる「江釣子漬け」を教えてくれました。当初は干しダイコンをしょうゆと酢、砂糖で漬けたシンプルな漬け物だったそうですが、スルメや昆布、梅干しを加えるなど時代と共に進化し、北上市の伝統漬け物は、今や県外にまで広がったそうです。

地元では、キロ単位で大量に漬けるようですが、私はダイコン一本（小）をジッパー付保存袋で漬けてみました。

❶ダイコンの切り方もさまざまですが、ジッパー付保存袋に収まり、食べやすいように長さ四センチぐらいの厚めの短冊切りにする。

❷ザルなどに広げて二日ほど干します。

❸スルメ一枚（胴）と昆布はダイコンと同じ長さで一センチ幅に切ります。

〈江鮒子漬け〉

❶

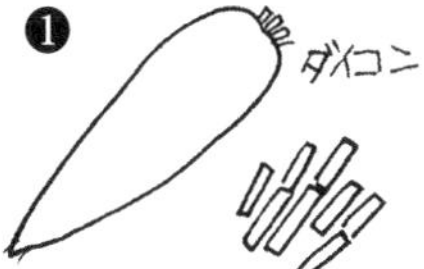

4cm位の
厚めの短冊切り

❷

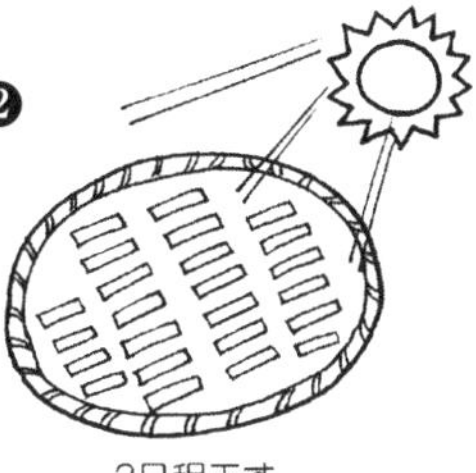

2日程干す

❸

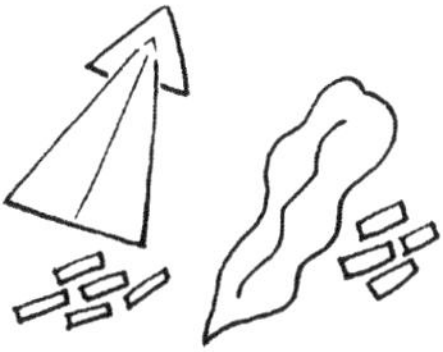

スルメと昆布は
1cm幅に切る

❹

しょうゆ
(コップ半分)
酢
砂糖(大さじ3)

ひと煮立てさせて
冷やす

❺

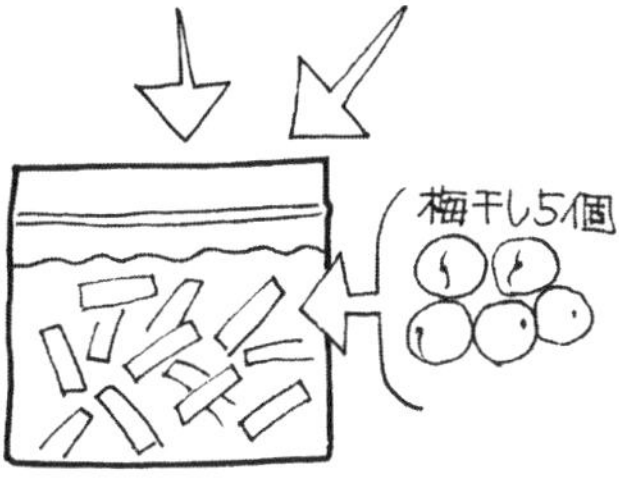

②③と梅干し5個を
チャック付き保存袋に入れ
漬け汁を注ぎ冷やす

❻

3週間程漬け込むと
美味しいです！

❹漬け汁は約コップ半分のしょうゆ、酢、砂糖大さじ三杯を合わせてひと煮立てさせて冷まします。

❺干しダイコンとスルメ、昆布、梅干し五個をジッパー付保存袋に入れて漬け汁を注ぎ、冷蔵庫に保存します。

❻三週間ほど漬け込むと、スルメや昆布の旨味がダイコンにしみ込みます。しょうゆを含んで酸っぱさひかえめ、まろやかになった梅干しも美味しいです。

香り付けにユズを入れるなど、自分流の江鈞子漬けを作ってみましょう。

3 味噌漬け　あれこれ

◆味噌ギンナン

秋の味覚、ギンナンはおせち料理に重宝な食材です。ヒスイのようなギンナンに松葉をさしておめでたいお重を飾ったり、茶わん蒸しを彩るのも一粒のギンナンです。

昔、祖母から「ギンナンは栄養があるが、食べ過ぎると毒だぞ」と聞かされました。滋養強壮で知られるイチョウの実ですからミネラルやビタミン群が豊富ですが、食べ過ぎるとギンナンの成分が作用して中毒症状を引き起こすといわれてきました。

とは言え、「ギンナンってどう調理するの」という人もいるでしょう。私は簡単に、封筒に入れてレンジでチンして美味しく食べています。

ギンナン割り（ペンチや金槌でも大丈夫）でギンナンの左右を挟んでキュッと押さえると簡単に割れます。それを濡れた封筒に入れてレンジで約四〇秒、チンします。一分以上かけるとカチカチになり、焦げ目がついてしまうので注意しましょう。

皮をきれいにむいたら、塩を添えてお皿に盛り付けるだけ。ほっこりと温かいギンナンはおつまみによく合います。

味噌味はどうか――。

❶白みそとみりんを合わせてジッパー付保存袋に入れます。

❷皮をむいたギンナンを二〇粒ほど入れてよく揉み込みます。

みそを絡めてすぐ食べられる「味噌ギンナン」で、上品な白みその風味がギンナンを引き立てます。

漬け込むとギンナンが固くなるので、一回で食べきれる量にします。

ギンナンの調理法もさまざまです。私は封筒派ですが、割って殻から出した皮付きのギンナンを茹でて、鍋をゆすりながら皮をむく方法もあります。たくさん皮をむけばレシピも自由自在、ぎんなんの炊き込みご飯や素揚げなどバラエティ豊かに味わえます。

◆セロリの味噌漬け

セロリは強い香りでサラダやスープの引き立て役に使われますが、酢漬けや塩漬けにすることもあります。キュウリと合わせた浅漬けも美味しいですが、味噌漬けも和風な味わいで、ご飯に合います。

一本のセロリを使います。葉はスープやシチュー、サラダ用にとっておきましょう。

❶よく洗ったセロリを根元の方から乱切りにして、キッチンペーパーなど

で水気をよく拭き取ります。
❷赤味噌にみりん、昆布だしを混ぜて、漬け床をつくり、ジッパー付保存袋に入れます。
❸切ったセロリを投入。まんべんなくセロリに味噌がなじむようによく揉み込みます。

半日もしたらセロリに味噌がしみ込んで浅漬けの完成です。味噌になじんでセロリ特有の臭いも和らぎ、セロリが苦手な人には食べやすくなります。セロリの水分で味噌が緩くなりがちです。食べる時はサッと洗い、早めに食べるようにします。

◆間引きダイコンの味噌漬け

お正月用にと九月ごろにまいたダイコンを何度も間引きしました。鉛筆くらいの太さになったダイコンをジッパー付保存袋で味噌漬けにしています。

これがなかなか美味しいのです。

❶ジッパー付保存袋に味噌を適量入れて、好みで昆布だしを入れ、そこによく洗って水気を十分に拭き取った細いダイコンを投入するだけ。

❷味噌とダイコンをよく揉み込んでなじませ、冷蔵庫で保存します。二、三日漬け込めば食べられます。

味噌がしみ込んだ細いダイコンを洗って、細かく切って食卓へ。ポリポリ、プチプチとしたたとした歯触りは、たくあんとはひと味違った味噌の美味しさです。ただ長く漬け込んでいるとダイコンの水分が出て味噌が水っぽくなるので注意しましょう。

●柔らかな葉はサッと湯がいて、細かく切った油揚げとサラダ油などで炒めて惣菜にします。

●葉を塩揉みして細かく刻んで、炊きたてのご飯に散らせば「菜めし」にもなります。

緑濃いダイコンやカブの葉にはβカロチンがたくさん含まれています。捨てるのは勿体ないです。

●私は湯がいた葉をキリッと絞り、十分に水気を取って、ジッパー付保存袋に入れて冷凍保存しています。

ちょっと緑の彩りが欲しい時に便利です。

4 シソの実の袋漬け

母たちは晩秋になると実を膨らませたシソの実をしごき取り、「シソの実の袋漬け」を作っていました。

シソの実をよく洗い、サッと湯通しします。シソの実と、一センチ角に切ったナスやショウガ、水で戻した切り昆布を大きな布袋に入れて、漬け物用に取り分けた味噌桶に漬け込むのです。長く漬け込むと、味噌がゆるくなってしまうので、母なりに考えてのことでした。

数カ月も経つとナスもシソの実も黒っぽくなるほどよく漬かって、かなり塩辛くなっています。春先の田植え時には昼飯のお供にこの袋漬けを添えるのです。大きな握り飯の具になっていました。

私はこれに習って簡単にジッパー付保存袋で作っています。

〈シソの実の袋漬け〉

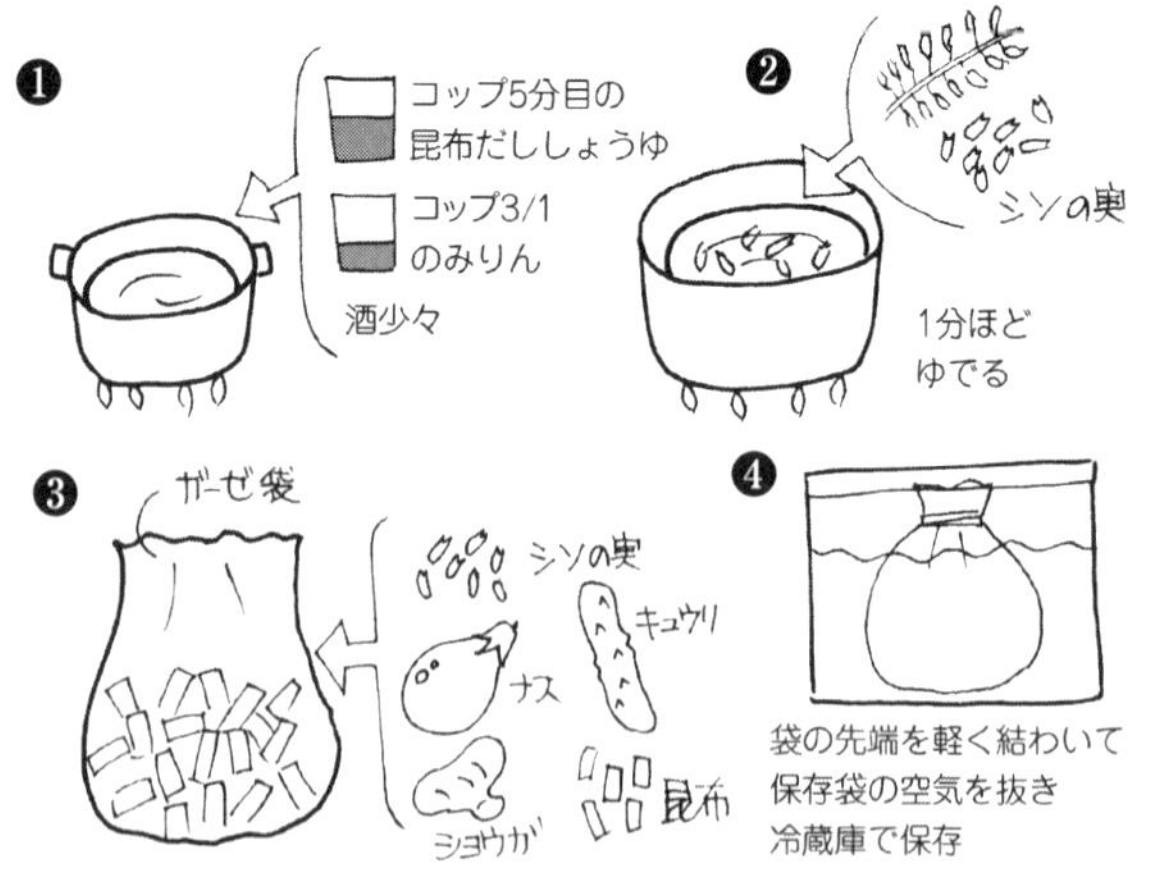
❶
コップ5分目の
昆布だししょうゆ
コップ3/1
のみりん
酒少々
❷
シソの実
1分ほど
ゆでる
❸
ガーゼ袋
シソの実
キュウリ
ナス
ショウガ
昆布
❹
袋の先端を軽く結わいて
保存袋の空気を抜き
冷蔵庫で保存

まず、漬け汁を作ります。

❶コップ五分目くらいの昆布だししょうゆ、コップ三分の一のみりん、酒少々を鍋に入れ、ひと煮立てさせて冷まします。

❷漬け汁を冷ましている間に、畑でしごいてもぎ取ったシソの実をよく洗い、一分ほど茹でて青臭さを取ります。

❸ガーゼで作った袋にシソの実、細く切ったナスやショウガ、キュウリ、切り昆布を入れます。

❹冷ました漬け汁をジッパー付保存袋に注ぎ、袋の具材を入れて漬け

込みます。袋の先端を軽く結わいて保存袋の空気を抜き、冷蔵庫で保存します。

浅漬けなら一日漬ければ「袋漬け」（シソの実漬け）が食べられます。シソの実の風味、ショウガの香り、切り昆布の旨味が後を引きます。長く漬け込めば古漬けになり、濃厚な味わいは酒のつまみにもってこいです。

5 柿の皮のハクサイ漬け

「柿の皮を漬け物に入れると甘味がでるんだぞい」と、祖母や母はたくあん漬けにも白菜漬けにもカラカラに干した渋柿の皮を漬け物の具にしていました。あんぽ柿など干し柿を作っていましたから、柿の皮は山になるほどありました。それを無駄にしないで、漬け物などに利用したのです。

四つ切りにしたハクサイにさらに切れ目を入れてザルに並べて干します。しんなりしたハクサイに乾燥した柿の皮を挟《はさ》んで塩を振りながら漬け込み、しっかり重石をするのです。

寒くなると旨味が増し、甘味のある黄色いハクサイが食卓に並びました。

母が送ってくれた荷物にはハクサイ漬けやたくあん、粕漬けなど季節の漬け物が必ず入っていました。

母に習って作っているのが、ジッパー付保存袋で作る「柿の皮のハクサイ漬け」です。

❶四分の一のハクサイを天日に干します。

❷焼酎抜きの渋柿の皮はあらかじめ、干して乾燥させておきます。

❸三センチくらいに切ったハクサイ、細かく切った柿の皮、輪切りの鷹の爪、千切りのユズ、塩をジッパー付保存袋に入れて、よく揉み込みます。

❹空気を抜いて冷蔵庫で保存します。

オレンジ色の柿の皮は彩りもよく、翌朝には浅漬けで食べられます。

さらに数日経つとハクサイから水分が出て、塩水に浸かったハクサイが甘味を増して美味しくなるのです。

6 庄内柿のダイコン漬け

焼酎で渋抜きした柿は、柔らかくなるのが早いので食べ方も工夫しなければなりません。

山形県の庄内地方特産の「庄内柿」もその一つです。

濃厚な甘味と柔らかな果肉が口の中でとろけます。この食べ時を逃すとスプーンですくって食べるようになります。

こうなる前に冷凍して正月まで持たせることもできるのです。

トロトロになった庄内柿を漬け物の調味料として活用してみましょう。

❶ダイコン（小）二分の一本を半分に切って、薄い半月切りにします。

❷熟した二個の柿の皮をむいて塩となじませ、半月のダイコンと一緒にLサイズのジッパー付保存袋に入れます。

❸昆布だしと、好みで輪切りの鷹の爪も加えます。よく空気を抜いてから冷蔵庫で保存しましょう。
翌朝には浅漬けで食べられます。

白いダイコンにまとわりついた柿の甘しょっぱさはまた格別です。スプーンですくってデザート感覚で食べれるぜいたくな漬け物です。数日漬け込めばダイコンはしんなりして特製の千枚漬けの味わいです。

庄内柿に限らず、柔らかくなった柿で作ってみましょう。

7 長イモの浅漬け

山形の「長イモの浅漬け」を食べた時には、漬け物に対する固定観念が一変しました。

長イモを長さ五センチぐらいに切り、さらに一センチぐらいの角切りにして、出汁の効いた薄口しょうゆに漬け込んだものでした。

たっぷりの汁に白い長イモが浮いている感じ。ぬめりも少なく、サクサクした長イモの歯ざわりと上品な味わいが後を引きます。

長イモといえば、摺り下ろしてやまかけにするか、トロロご飯で食べるぐらいですが、漬け物にするという発想が新鮮でした。

市販のようにはいきませんが、さっそく作ってみました。

❶長イモは酢水に浸けてぬめりを取ります。

四センチくらいの長さに切って、三枚おろしにして、さらに一センチぐらいの幅で角切りにします。

❷あらかじめ薄口しょうゆと昆布だし、酢少々を合わせてジッパー付保存袋に注いでから、長イモを投入。

❸空気を抜いて冷蔵庫で保存します。

翌朝には美味しく漬かっています。やまかけともトロロの千切りとも違った、さっぱりとした食感が後を引きます。

濃厚な山芋よりも長イモの方が調理しやすいです。

8 菊の酢漬け

東北では農家に限らず家庭菜園でも食用菊を栽培しています。黄色い菊、紫の菊…。一一月ごろになると畑に咲き誇る菊の花の収穫に追われます。

❶ガクから外した花びらを洗ってサッと茹でます。水気を絞るとペチャンコに目減りしますが、どうして、食べ応えは十分あります。

❷食べる分だけジッパー付保存袋に入れて、酢と砂糖、塩少々を混ぜ合わせた漬け汁を注げば出来上がり。

空気を抜いて冷蔵庫に保存しますが、一時間ほどで食べられます。

秋を感じる酢の物の一品、箸休めにもなります。私はそのまま浸け込んでおいて、ホウレンソウのおひたしに絡めたりして、秋の風情を味わっています。

酢を強めにすると保存がきくのもよいところです。

◆菊の天ぷら

秋らしく菊の花を天ぷらにしてみましょう。

❶いつものように天ぷらを揚げる要領で、ガク付きの菊を水溶きした天ぷら粉を絡めて油で揚げるだけ。花びらが色どりよく広がって、ゴージャスな一品になります。

❷高温でカラッと揚げないと花びらのように広がらないので注意しましょう。

菊が手に入ったら一気に茹で、余ったらジッパー付保存袋に入れて冷凍保存しておくと、いつでも使えるので便利です。

9 ナメコのたまり漬け

秋はキノコのおいしい季節です。しかも低カロリーでヘルシー、食物繊維やビタミン、ミネラルを豊富に含んでいることから、キノコパワーが注目されています。

かつて、父がクヌギなどの原木にシイタケ菌を埋め込んでシイタケ栽培をしていましたが、よく生えてくるのにはびっくりしたものです。大きなナメコも作ったりしていました。

普段は煮たり焼いたり揚げたりのキノコレシピですが、ナメコを漬けてみると、これがなかなか美味しい。

私流は簡単です。

❶ナメコ一袋をサッと茹でます。
❷めんつゆ大さじ二杯、砂糖、みりん少々を合わせ、漬け汁を作ります。

❸ナメコと漬け汁をジッパー付保存袋に入れて冷蔵庫で保存します。数時間で食べられます。

「ナメタケ」と同じように、ご飯にかけたり、酒のつまみでいただきます。ダイコンおろしを添えるとおいしさアップ、胃にもやさしいつまみになります。

◆エノキタケのナメタケ

エノキタケで「ナメタケ」を作りました。

❶石づきを切り落とし、エノキタケを二等分し、パラパラにほぐします。

❷めんつゆ大さじ三杯、昆布だし、砂糖、みりん、好みで酢少々を合わせた漬け汁にエノキタケを入れて一分ほど煮ます。

❸冷ましてジッパー付保存袋に入れ、空気を抜いて冷蔵庫で保存します。

好みでショウガの千切りや輪切りの鷹の爪を加えて「マイ・ナメタケ」を作りましょう。冷蔵庫で五日程度、冷凍で一カ月ほど保存できます。

10 たくあん――三五八漬け

塩三、麹五、米八の割合で漬け床を作ることが由来です。福島の代表的な漬け物で母たちは麹室《こうじむろ》を持ち、かつては麹をねかせる本格派でした。

三五八漬けは福島の夏の漬け物の定番です。伝統の漬け物にならって、市販の三五八漬けの漬け床を使ってたくあんを漬けてみました。

❶中ぐらいの太さのダイコン一本を三等分してさらにタテに半分に切って、数日しなびるまで天日に干します。

❷しなびたダイコンを漬け物容器に入れ、塩適宜、輪切りの鷹の爪を入れてキリキリと回して重石をかけます。

❸防腐予防に焼酎を大さじ二杯ほど振りかけます。

❹翌日、三五八漬けの素を入れ、ダイコンから出た水分となじませます。漬け込むほどに麹が発酵してトロミがでてきます。麹の甘味が旨味を引き出し、後を引くおいしいたくあんの出来上がりです。

たくあんはジッパー付保存袋に入れて冷蔵庫で保存します。焼酎を振りかけているので長持ちします。

市販の三五八漬けの素に水を加え、レンジで四、五分加熱するだけで塩麹が簡単に作れます。

野菜だけではなく、魚や肉を漬け込んで、発酵食の旨味を味わってみましょう。

本格的な「三五八漬け」の漬け床の作り方は72頁を参照してください。

11 ぜいたく漬け

青森や岩手の北東北や秋田、山形など日本海に面した地方では一一月半ばから積雪との闘いが始まります。ダイコンやニンジン、ハクサイなど秋野菜は早めに収穫して備え付けの室《むろ》にしまったり、畑に室を掘って埋めたりして冬を越します。

岩手県花巻市に住む友人は「長い冬をしのぐために、根菜は貴重な野菜。春が来るまで大事に食べる」と言います。北国では、秋に収穫する根菜類は春先まで食べる大切な食材なのです。

秋から冬にかけて友人は「ぜいたく漬け」と呼ばれる浅漬けを作るそうです。

❶ダイコンとニンジンを三ミリ程度にイチョウ切りします。

❷めんつゆ大さじ三杯、砂糖大さじ一杯、酢大さじ一杯の割合でひと煮立ち

させて冷まします。

❸ジップロップに漬け汁とダイコン、ニンジンを入れるだけ。

朝には美味しい浅漬けが食べられます。

ダイコンやニンジンの匂いもほどよい酸味をまとって、まろやかな風味で箸が進みます。

ダイコンとニンジンだけなのに上品な味わい。ぜいたく漬けのネーミングもこんなところからつけられたのかもしれません。

ニンジンとレンコン、カブとニンジンなどでも試してみましょう。

12 イモガラの酢漬け

サトイモやヤツガシラの長い茎をイモガラ（ズイキ）と呼んでいます。北国ではサトイモの収穫の際に茎を刈り取って、皮をむいて切り干しダイコンのように天日干しして保存し、食材が少ない冬に備えました。

❶赤紫をした生イモガラ（ヤツガシラ）を鍋に入る長さに切って塩少々加えて茹でます。
❷いがらっぽさがなくなるように、水に晒してよくアク抜きをします。
❸酢と砂糖、塩、昆布だしを加えた漬け汁をジッパー付保存袋に注ぎ、水気をよく絞ったイモガラを投入し、冷蔵庫に保存します。
数時間漬け込めば完成です。
いがらっぽさがなくなるようによくアク抜きするのがポイント。

酢につけると漬け汁がピンク色に染まり、食卓を彩る一品です。もっちりと柔らかな食感、甘酸っぱさがやみつきになります。辛味が好みなら輪切りの鷹の爪や、豆板醤を加えて中華風の一品に。

イモガラは一〇月ごろから八百屋やスーパーなどに出回ります。サトイモのイモガラは緑色ですが、酢漬けにするには「紅ズイキ」と呼ばれる赤紫色のヤツガシラのイモガラがお勧めです。

13 夏野菜の粕漬け

秋になると酒粕《さけかす》がおいしい季節になります。練粕《ねりかす》を使って、夏に収穫して塩漬けしておいた「はやとウリ」や「キュウリ」を粕漬けにします。

母が暮れになると手作りの粕漬けをたくさん送ってくれました。酒粕の香りと塩辛さを抑えたほどよい甘味。発酵食品の栄養をいただこうと、洗わずにザク切りして粕まで食べたものです。

粕漬けといってもそんなに難しいことではありません。

❶キュウリやウリ（ウリは半分に切って種を取って塩漬けにしたもの）を薄い塩水に三〇分ほどつけて塩抜きします。

❷同量の練粕と砂糖を混ぜ合わせ、漬け床を作ります。

❸マチ付きのLサイズのジッパー付保存袋を用意して、古漬け、練粕の順に

重ねていきます。

一カ月も漬け込めばキュウリやウリが飴色になってきます。漬け込めばお正月の一品にもなります。

◆キュウリの粕漬け（浅漬け）

酒粕が好きなので甘酒も作りますが、キュウリの浅漬けも簡単に作れます。

❶厚さ一センチぐらいに切ったキュウリを塩揉みして、練粕を絡めるだけ。
❷ジッパー付保存袋で保存します。

ただし、何日も漬けるのは禁物、キュウリの水分で練粕が水っぽくなるからです。食べる分だけ作るのがコツです。

14 サンマの味噌漬け

私が子供のころは流通が発達していませんでしたから、新鮮な魚には恵まれていませんでした。街場の魚屋がよく車で魚を売りにきました。魚屋が来ると子供たちが頭を並べ、魚をさばくのを見ていました。豪勢に木箱に入ったサンマを箱買いするのです。大家族ですから二〇本くらいのサンマも二回ぐらいでなくなります。

一度は塩焼きで食べますが、残ったサンマはハラワタを取って、三等分して味噌と酒を合わせて漬け込むのです。

ただそれだけなのですが、二、三日置くとサンマは大変身。身が締まり、味噌に漬けることでアミノ酸が増えて美味しくなるのです。

魚がなかなか手に入らなかった時代、漬けて長持ちさせることでたんぱく質を摂っていたのです。

先人たちは味噌に限らず、粕や塩麹、三五八漬けなど、漬け床のバリエーションに知恵を絞ってきました。その伝統が今に受け継がれているのです。

ただ、味噌などに漬け込むと焦げやすいので、焼く時にはホイルで包むなど、ひと工夫が必要です。焦げないようにサッと焼くのがポイント。

おいしいサンマの味噌漬けをお試しください。

〈秋の郷土料理〉

●きらず炒《い》り

福島では「おから炒り」のことを「きらず炒り」とも呼んでいました。「卯《う》の花」とも言いますが、おからは豆腐を作る過程で、豆乳を絞った時に残る大豆の皮など〝かす〟のこと。

食物繊維やミネラルも多く含み、ヘルシーで栄養価が高いことから、おからレシピが注目されています。

おからのことを「きらず」と呼ぶのは細か過ぎて切らなくて済むことから、そう呼ばれるようになったそうです。

祖母や母は、ダイコンやハクサイ、ゴボウ、ネギにさつま揚げなど、秋の野菜をたっぷり入れて作っていました。
　私も具だくさんのおから炒りを作っています。

❶ゴボウやニンジンなど根菜類、薄切りの豚肉を細かく切って油で炒める。
❷ハクサイやさつま揚げ、マイタケなども炒めてから、おからとコップ半分の水を加えてよく炒めます。
❸しょうゆ、みりん、昆布だしなどの調味料で味を調えて最後に刻みネギ、ゴマ油を回し入れてしゃもじなどでかき混ぜて完成です。

　ゴマ油で旨味を引き出すのがコツ。
　温野菜をたくさん食べられるばかりか、野菜の水分が出てしっとり仕上がります。
「おからハンバーク」や「ホットケーキ」などヘルシーメニューも人気です。

●二本松のざくざく

私のふるさと、福島県二本松市を中心に中通りに伝わる郷土料理です。

一〇月初旬に行われる日本三大提灯祭りの一つ「二本松の提灯祭り」はもちろん、地域の祭りや結婚式など、冠婚葬祭の席には決まって「ざくざく」という具だくさんの汁物が供されます。

我が家ではサトイモ、ニンジン、ゴボウ、シイタケ、コンニャク、凍み豆腐（高野豆腐と同じ）などの野菜中心でした。

その家々の作り方があって具材も異なり、鶏肉も入ります。

私は子供のころに食べた野菜中心の「ざくざく」にこだわり、鶏肉なしで作ります。

❶具材は一センチほどの角切りにします。ゴボウは水に晒してアク抜きします。

〈二本松のざくざく〉

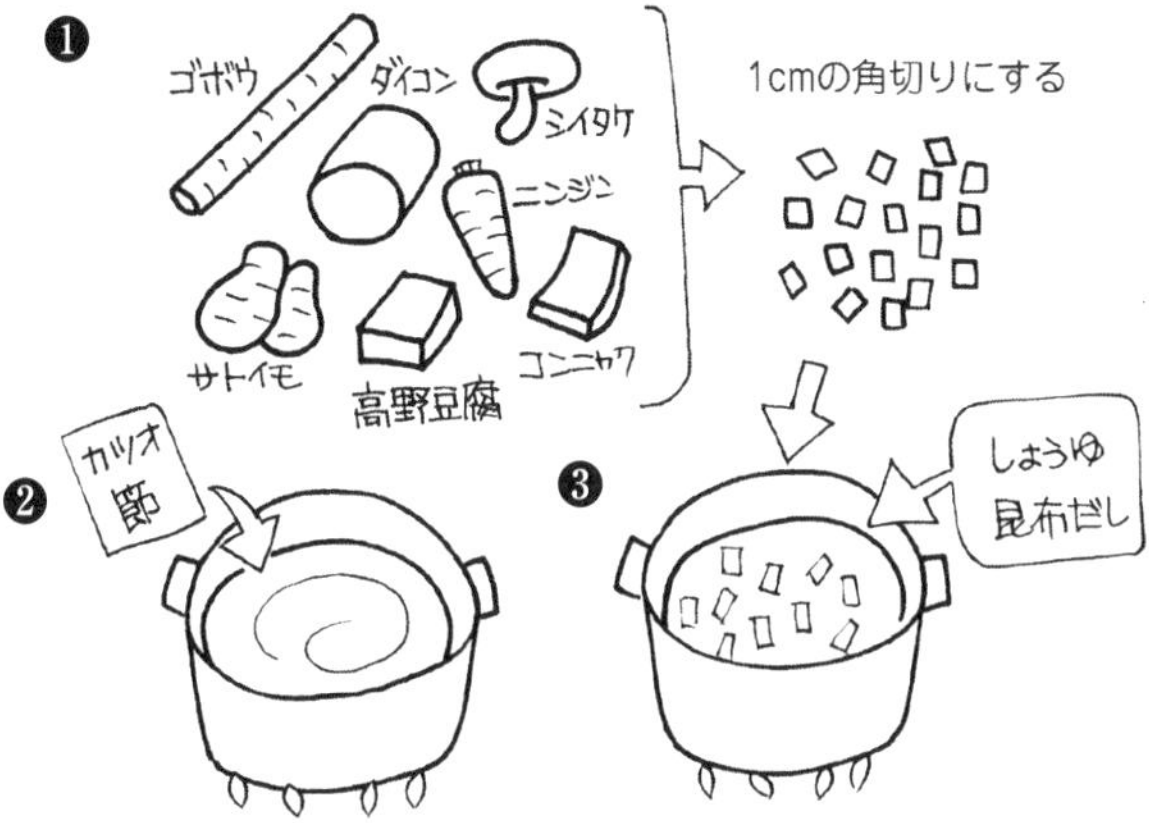
❶
ゴボウ
ダイコン
シイタケ
ニンジン
サトイモ
高野豆腐
コンニャク
1cmの角切りにする
❷
カツオ節
❸
しょうゆ
昆布だし

アク抜き不要のコンニャクは下茹で不要。サトイモは皮付きのまま半分に切って、一〇分くらい茹でると簡単に皮がむけて調理も楽です。

❷鍋に水を入れ、カツオ節で出汁を取ります。

❸根菜から鍋に入れて煮ます。高野豆腐などは具材が煮えてから入れます。

❹薄口しょうゆと昆布だしなどで味付けします。たくさんの具材と共に野菜からしみ出したおつゆを味わいます。

前日から準備してせいろで蒸かしたホカホカの赤飯とキンピラゴボウは忘れがたい、ふるさとの「祭り」の味です。

会津地方では「こづゆ」と言って、干し貝柱と干しシイタケで出汁を取った汁に、たくさんの具材を入れた、もてなしの郷土料理も知られています。

●納豆餅

新米ができると、よく餅をつきました。私が子供のころは、せいろを重ねてもち米を蒸していました。土間に臼《うす》を置いて本格的な杵《きね》つき餅です。餅をつく父、水を付けながら相取りする母、子供たちはじっと眺めて、つき立て餅ができるのを待っているのです。

田舎では餅はごちそうで、めでたいことでもあったのです。

つき立ての餅をちぎって、あんこや納豆を絡《から》めて食べました。しょうゆで味付けしただけの納豆でしたが、フワフワの餅と納豆の相性がよくて滑らかに喉を通り、いくつも食べられました。納豆好きなら、やみつきになるはずです。

傍らで祖母が餅取り粉を付けながら、大きな餅を丸めていました。それを重箱に詰めて、親戚に配るのが私の役目でした。

現在はなくなったかもしれませんが、豆腐を配る「おやっけ豆腐」という行事もありました。

田舎の歳時記は食と結びつき、かけがえのないコミュニティーでした。

餅も赤飯もおはぎも、電気釜や圧力鍋で作れる時代です。晴れの日に、赤飯でも炊いてみませんか？

●イナゴの佃煮

今から六〇余年前になりますが、私が小学生のころは稲刈りのころになると、児童全員でイナゴ取りをしたものです。

いわば秋の学校行事で、子供たちは手拭いで作った「イナゴ取り袋」を持って田んぼに出て、ピンピン飛び跳ねるイナゴを必死でつかまえました。

そう、袋の先端には長さ一〇センチくらいの竹筒を入れてひもで結わき、捕まえたイナゴが逃げないように竹筒の口を左手親指で押さえています。

さあ、みんなで競争です。捕ったイナゴを学校に持ちより、確か給食用の大釜だったと思いますが、跳ねるイナゴをフタで抑えて熱湯をくぐらせます。ゆでたイナゴを一升マスで計り、父兄に販売したのです。その収益でドッジボールを買うなど、教材費に充てたことを覚えています。

買ったイナゴを持ち帰ると、祖母がイナゴの羽やトゲトゲした脚をもぎ取って、しょうゆや砂糖を入れてグズグズ炊いていたのを思い出します。「骨が丈夫になるから食べるんだぞ」。母や祖母に言われていやいやながら食べたものですが、今思えば、イナゴは貴重なタンパク源とカルシウム源だったのです。

たまにイナゴの佃煮を見つけると手に取ってしまいます。プリプリ、コリコリして噛むほどに味わい深く、昆虫とは思えません。

最近は「農薬散布の回数も減り、低農薬になったので、イナゴの姿が見られるようになった」と農家の人が話してくれました。

貴重なイナゴを捕る人がいて、福島では「道の駅」などで懐かしいイナゴの佃煮が販売されているようです。

●だんご汁（すいとん）

私の子供のころは家族全員がお膳を持っていました。ご飯茶碗におわん、取り皿が二枚ほどついていたと思います。

祖父や父を中心に大家族が四角い座を作り、真ん中にフツフツと煮立った「だんご汁」の大鍋が置かれたものです。

ニンジン、ゴボウ、カボチャやサトイモ、ハクサイ、ネギや油揚げなども入っていたでしょうか。

野菜が煮えたところで、小麦粉を丸めただんごを入れて煮込み、味噌で味を調えます。だんごが入りますから、ボリュームがあり、腹持ちもよいのです。

野菜の旨味がツルツルしただんごにしみ込んで、味噌の素朴な風味が懐かしくよみがえります。

〈だんご汁（すいとん）〉

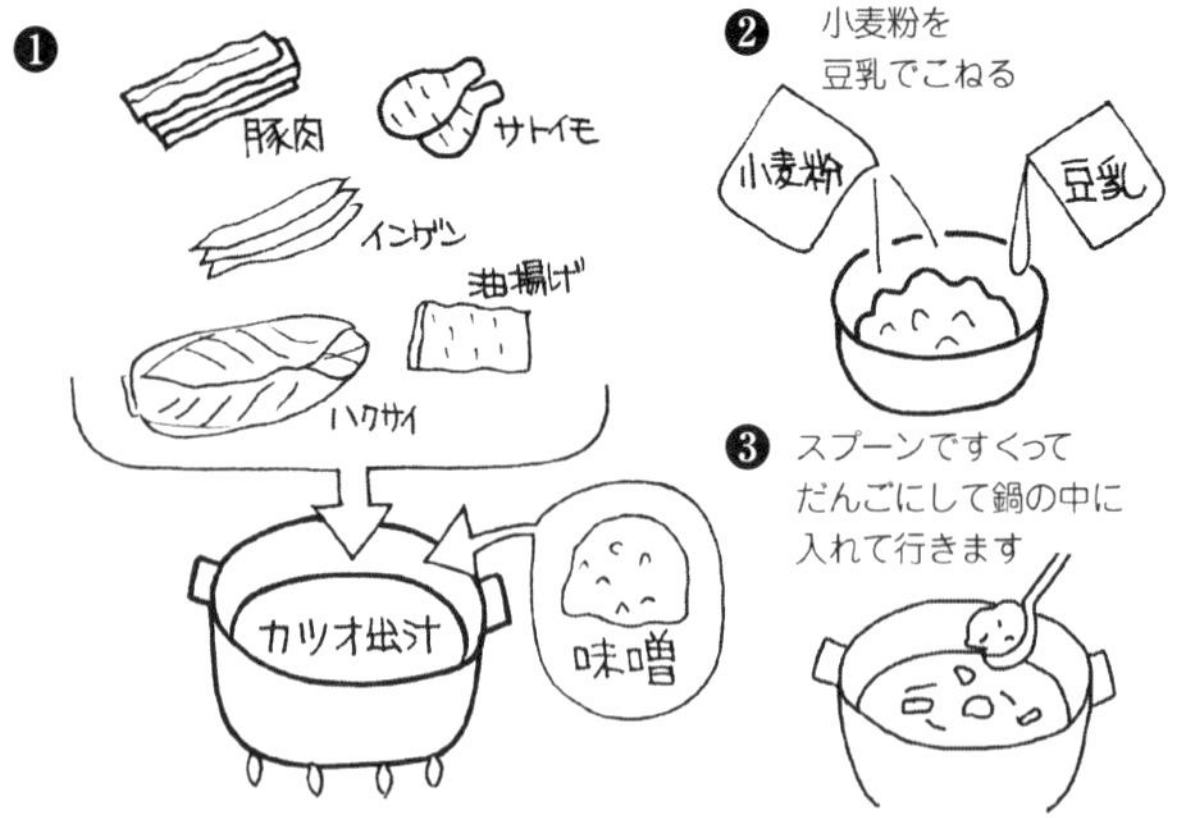
❶
豚肉
サトイモ
インゲン
油揚げ
ハクサイ
カツオ出汁
味噌
❷ 小麦粉を
豆乳でこねる
小麦粉
豆乳
❸ スプーンですくって
だんごにして鍋の中に
入れて行きます

最近、私が作る秋の「だんご汁」は、❶カツオ出汁のつゆにバラ豚肉、サトイモ、インゲン、ハクサイ、油揚げを入れて味噌味に仕立てます。好みの野菜を入れればよいのです。夏はジャガイモとナス、インゲンでさっぱりめにします。

❷私は栄養を考えて、小麦粉は豆乳でこねて、それをスプーンですくってだんごにして鍋の中に入れていきます。

チーズを加えたり、トマトベースのスープにして、イタリアンだんご汁など自由自在に楽しんでください。

●車麩《くるまふ》と切り昆布の煮物

子供のころからよく、切り昆布《こぶ》を食べました。細切りの昆布を丸めた〝昆布のボール〟が紙の袋にぎっしり入っていました。今は量も少なめでポリ袋で市販されています。法事などの人寄せの時によく作ったのが車麩と切り昆布、細切りの油揚げの煮物です。福島ご当地の精進料理でもありました。

❶切り昆布を水に浸け、ザルにあげて水を切ります。戻した水は出汁になるので取っておきましょう。
❷麩は水に戻して柔らかくしたら、しっかり水を絞り、三センチぐらいに切ります。
❸昆布の出汁、しょうゆ、砂糖、みりん、酒を加えて煮込みます。

焦がさないようにつゆがなくなるまで煮て、味をしみ込ませます。
❹仕上げにゴマ油を回し入れてコクと風味をつけます。

車麩のもっちりとした食べ応えのある食感と切り昆布の旨味は、精進料理のベストコンビです。肉料理に飽きた時に、食べたくなる一品です。

●切り昆布はゴボウやニンジン、油揚げなどと油で炒め、ご飯と合わせて混ぜご飯の具にしました。

炊き込みご飯とは違って、油っこさが微妙なコクとなって美味しいものでした。

●干し柿

秋が深まるころ、祖父や父は渋柿の収穫に追われます。鈴なりの柿をもぎ取り、土間に柿の山ができました。

夕飯が済むと近所の人が集まってきて、柿の山を囲んで一斉に柿の皮むきをするのです。ヘタの方から柿をクルクルと回しながら巧みにむいていく大人たちに混じって、私も手伝いました。

その場で語られる村の昔話を聞くのが楽しくて、幾晩も柿むきに参加したものです。中学生ころまで続いたでしょうか。

むいた柿は串に刺して一〇本ぐらいを一連にしてわらで編んで干し柿にしました。軒下は橙色の柿が連なり、それは壮観でした。

あんぽ柿を縄に編み込んで吊るし柿にしました。

渋柿は干すと白粉を吹いて甘くなっていきます。そして柔らかな実が固く締まってきます。頃合いをみて市場などに出荷していました。

この季節のお茶うけは、決まって干し柿でした。「今年の出来はいい」とか柿談義をしながら、白粉を吹いて中もっちりの柿を頬張っていました。

子供のころは甘過ぎて好きではありませんでしたが、年を取ってから干し柿の自然の甘さが美味しいと思うようになりました。


農家で渋柿を求め、かつて父たちが干し柿を作ったように、ベランダに吊るして干し柿を作ります。雨に当てないように、二日も天日で干せば皮が乾燥して締まってきます。

カビがこない前に白菜漬けと一緒にお茶うけにします。ふるさとを思い起こす、至福のひと時です。

●ひき菜炒り

福島の郷土料理に「ひき菜炒り」があります。

「昔は自宅で結婚式を挙げたからね、前夜に親戚の人が泊まった時に餅をついて、ひき菜炒りに入れて食べたりしたの」と田舎の人が懐かしそうに話していました。

めでたい時に食べるというからには、どんなに豪華なレシピなのかと思いますが、実にシンプル。ダイコンとニンジンを千切りにして、細かく切った油揚げなどを炒め合わせたものです。

その家に伝わる作り方があって、豆腐を崩して炒め合わせたり、さまざまです。

ダイコンのしっとり感と油揚げのコクが絡み合って、ご飯にもよく合います。

私が作るのはひき菜炒りのアレンジです。

❶ニンジンとダイコンを千切りにして油でいためたきんぴらを作ります。
❷しょうゆとみりんで味付けして、最後にゴマ油を回し入れたら出来上がり。
簡単、シンプルですが、ゴマ油が効いてなんとも言えない美味しさです。
お茶うけにもなります。
❸残ったらジッパー付保存袋に入れて保存しましょう。二、三日は美味しく
食べられます。
酢を加えると二度美味しいダイコン炒りになります。

使い勝手のよい秋ダイコン。常備しておくと、メニューに困った時の力強い
助っ人になります。

始めよう！　野菜作り【秋】

ハクサイやダイコン、カブ、サトイモなど秋野菜の収穫時を迎えます。同時に春から初夏にかけて収穫する野菜の植え時でもあります。時期を逃すと生長に影響しますので、秋ナスなどが終わったところで一〇月から一一月にかけて植え付ける春野菜の準備をしましょう。私は冬越しするキヌサヤとタマネギを育てています。

●秋に植える野菜

キヌサヤ、タマネギなど。

【キヌサヤ】

●準備するもの

プランター大、キヌサヤの種、ポット（種まき用）、園芸用移植ゴテ、園芸用手袋、ジョーロ、ピンセット、支柱（二メートルくらい）五本、野菜用培養土（新しい培養土に換えます）、種まき用土、鉢底石（ネット入りが用土交換の時に便利）、化成肥料。

●栽培方法

一〇年ほど種から畑で栽培していますが、失敗することなく毎年豊作です。霜も寒波も乗り越えて元気に育ってくれます。

❶種を一晩、水に浸けると発芽がスムーズにいきます。ポットに種まき用土を八分目くらいまで入れて、一〇粒ほどまき、土をかけ、たっぷりと水やりします。

❷一週間前後に発芽したら、毎日水やりをします。丈夫そうな苗を残し、

三本くらいにします。

❸草丈が一〇センチ以上になったらプランターに移植します。二〇センチ間隔で三本植えます。それぞれに支柱を立て、つるが伸びる前に横にも二カ所支柱をわたし、縦の支柱と結わいて固定します。

❹化成肥料を施し、毎日水やりをします。

❺冬場は土が乾いてきたら、たっぷり水やりをします。

❻春先にはツルが伸びてくるので、追肥して生長を促します。五月ごろから収穫できます。

【タマネギ】

●準備するもの

プランター大、タマネギの苗、大きめの植木鉢も可、園芸用移植ゴテ、園芸用手袋、ジョーロ、野菜用培養土（新しい培養土に換えます）、鉢底石（ネット入りが用土交換時に便利）、化成肥料。

●栽培方法
私は苗から育てています。一〇月ごろからホームセンターなどで一束（三〇本程度）で販売しています。プランターでは一〇本ぐらいは植えられますが、苗は細い茎なので丁寧に扱うこと。空いているプランターをフル活用してタマネギ栽培に挑戦してみましょう。
❶一〇センチ間隔で五センチぐらいの植穴を掘り、水をたっぷり注ぎます。
❷苗を定植して土をかぶせ、軽く手で押さえて水やりをします。
❸定着するまで毎日水やりをします。
❹苗が生長する三月上旬ごろまで、二～三回化成肥料を追肥しながら、株が露出しないように移植ゴテで土寄せをします。
❺球の大きさを確かめます。直径七センチぐらいになったら収穫できます。六月ごろが目安。

冬の漬け物

雪国では収穫を終えたサトイモたちが
室などで冬ごもり
都会の畑も防霜ネットの下で寒そう

1 イカニンジン

福島県人に「代表的な漬け物を教えて」と聞くと、ほとんどの人が「イカニンジンよ」と答えます。年中作っているようですが、とりわけ、正月のおせち料理には欠かせないひと品です。

ニンジンとスルメイカ、しょうゆとみりん、酒で漬けるだけなのに二日ぐらい漬けると、まぁスルメの旨味がニンジンにしみ込み、ニンジンのシャキシャキ感と相まって「うまい！」の一言に尽きます。

❶ニンジンの切り方などはその家の作り方でよいのです。あまり太いと食感が悪いので、私は長さ五センチ、幅二ミリ程度の短冊切りします。

❷スルメも同じように切ってから、酒に三〇分くらい浸して柔らかくします。これも自由。出汁昆布も同じように切ります。

〈イカニンジン〉

❶
ニンジン
長さ5㎝、幅2㎜程度の
短冊切り
❷
スルメイカ
酒
スルメを30分
酒に浸す
❸
ニンジンは
湯通しして
ザルにあげる
❹
しょうゆ
コップ半分
みりん
コップ1/3
スルメを浸した酒
漬け汁をサッと
煮立て冷ます
❺
出汁昆布
ニンジン
スルメ
チャック付き保存袋
に入れて揉む込み
冷やす

私はしんなりした方がよいので少し長めに酒に浸けるようにしています。

❸ニンジンは生でよいのですが、湯通ししたほうがニンジンの臭いもなくなり、漬け汁がしみやすいと思います。火を通したらザルにあけて冷まします。

❹漬け汁はコップ半分くらいのしょうゆ、コップ三分の一くらいのみりん、スルメを浸した酒を合わせてサッと煮たてて冷まします。

❺ニンジン、スルメ、出汁昆布をジッパー付保存袋に入れて漬け汁を注いで揉み込み、空気を抜いて冷蔵庫に保存します。

翌日に食べられますが、三日以上漬け込んだ方がスルメの旨味がしみ込んで美味しくなります。

2 正月を祝うダイコンの漬け物

◆ユズ巻きダイコン

お正月が近づくと、母は漬け物作りに追われていました。
イカニンジンや松前漬けはもちろん、千枚漬けのようにダイコンをスライサーで薄切りにして、千切りのユズをクルクルと巻いて酢漬けにした「ユズ巻きダイコン」も得意でした。

薄く切ったダイコンに塩を振ってしんなりさせてから、細切りのユズを二本くらい巻いて大きなタッパーにきれいに並べ、何段も重ねます。酢、砂糖、みりん少々を合わせた甘酢をひたひたになるぐらい回し入れ、漬け込むのです。

〈ユズ巻きダイコン〉

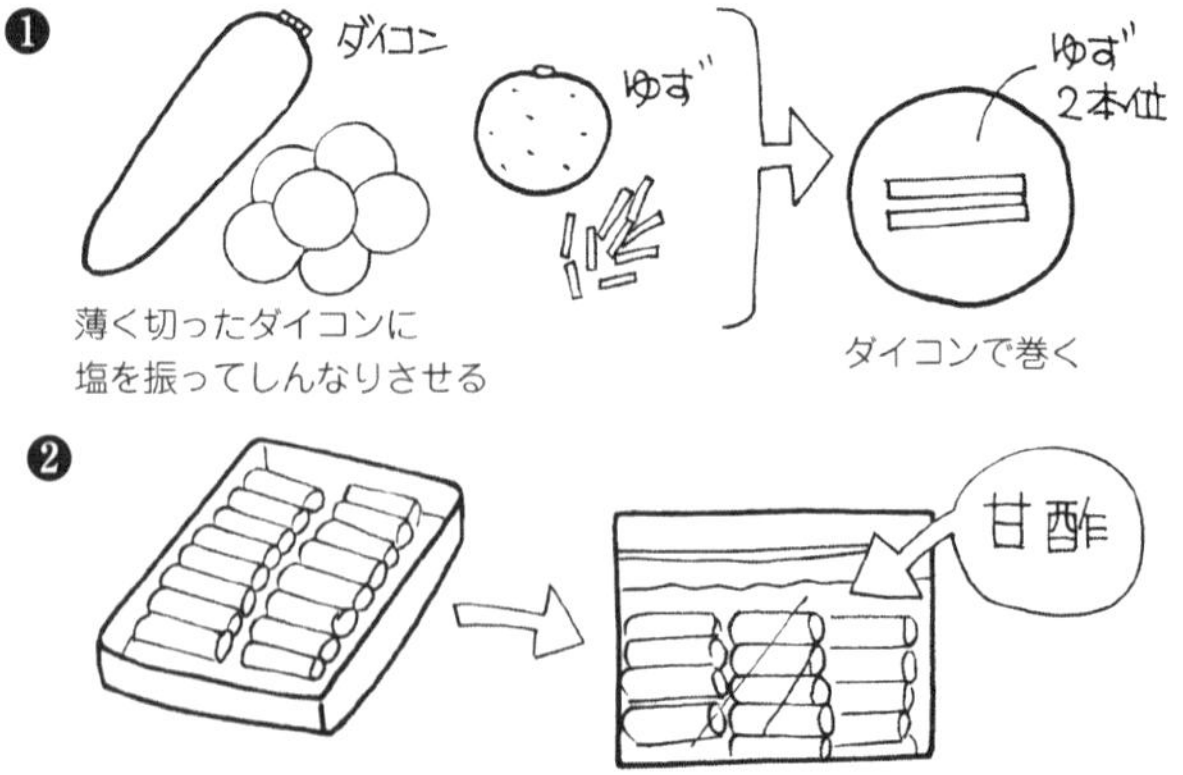
❶
ダイコン
ゆず
ゆず
2本位
薄く切ったダイコンに
塩を振ってしんなりさせる
ダイコンで巻く
❷
甘酢

しんなりした酢漬けダイコンの歯ざわりとユズの香りの相性もよく、おせち料理の箸休めになりました。

私は簡単にジッパー付保存袋で作ります。

❶ダイコンを出来るだけ薄切りにして、塩を振ってしんなりさせてから千切りのユズを二本ほど巻きます。

ダイコンに厚みがあると巻いている途中でポキンと折れてしまうので要注意です。

❷うまく巻き上がったら、ユズ巻き

がほどけないように静かにジッパー付保存袋に入れて酢と砂糖、みりんを合わせた甘酢を注いで、冷蔵庫で保存します。

❸一晩で食べられますが、数日漬け込んだ方がコクがでて美味しくなります。

◆はりはり漬け

❶水で戻した切り干しダイコンと、塩抜きして小口に切ったカズノコ、夏に冷凍しておいた枝豆（山形ではだだちゃ豆）を解凍し、彩りに加えます。

❷ジッパー付保存袋や瓶に入れて出汁しょうゆと酒を注いで三日ほど漬け込めば、切り干しダイコンも柔らかくなります。すぐ調理できる枝豆が市販されているので便利。

❸好みで酢や砂糖を加えてもよいでしょう。

3 キクイモの浅漬け

一二月ごろになるとデパートなどの野菜売り場に並ぶ「キクイモ」（菊芋）をご存じですか？

一見、根ショウガのようにゴツゴツしていて見栄えは悪いのですが、栄養価が高く、優れた効能もあるのです。北米原産で、別名アメリカイモとも呼ばれますが、全国各地で栽培されるようになりました。

キクイモは、水溶性の食物繊維イヌリンやミネラル（カリウム）が豊富で、しかもでんぷんを含まないことから低カロリー、低糖の特性が注目されるようになりました。

浅漬けの作り方は簡単。

❶キクイモを洗って、皮はむかず厚さ二ミリぐらいにスライスします。

❷五分ほど水に晒してアク抜きをします。
❸水をよく切って、ジッパー付保存袋に入れてひたひたになるくらい、めんつゆを注ぎます。
❹空気を抜いて冷蔵庫で保存します。二〜三日漬けたら完成です。
キクイモのシャキシャキした歯ざわり、クセがないので箸が進みます。

◆キクイモチップス

キクイモチップスもお勧めです。
❶よく洗ってスライスしたキクイモを水に晒してアクを抜いたら、キッチンペーパーで水気をよく拭き取ります。
❷百七〇度くらいに熱した油で、きつね色になるまで揚げます。揚げ過ぎると苦味が出るので要注意。
❸パラパラ塩を振って出来上がり。なんと、油で揚げると甘味が出るのです。甘くて、もっちりとした食感が後を引きます。

4 赤かぶ漬け

山形の庄内地方では正月の酢の物に赤カブの甘酢漬けが欠かせません。よく知られているのが温海《あつみ》町特産の赤カブです。丸い紫色のカブを切ると中は真っ白。地元では丸いままで、ひと口大に切って漬けます。

漬け方は食べやすさを考えて、それぞれの家で受け継がれてきました。

❶義母は四等分に切っていました。

❷酢、砂糖、塩に水少々を合わせて火にかけ、温めます。

❸切ったカブをタッパーなどに入れ、冷ました漬け汁をひたひたになるまでかけて、二日ぐらい重石をして漬けます。

❹重石をはずして一週間ぐらい漬け込むと、白いカブが酢の作用できれいなピンク色に染まります。

柔らかな甘酸っぱいカブのさわやかな味わいはおせち料理の箸休めにぴったりです。

温海カブに限らず、正月には赤カブや赤い小さなダイコンなどが出回ります。同じ要領で漬けてみましょう。

私は農家が栽培した赤いミニダイコンを購入して、ジッパー付保存袋で漬けてみました。

❶半分に切ったミニダイコンをジッパー付保存袋に入れます。

❷酢と砂糖、塩を合わせて温め、冷ました漬け汁を注いで出来上がり。重石をしないで漬けました。

漬け込むほどにダイコンは漬け汁と溶け合ってきれいなピンク色になりました。食べる時はスライスしてシャキッとした歯ざわりを味わいます。

冷蔵庫で一カ月くらい保存できるので重宝します。

5 兵頭《ひょうず》なます

おせち料理に欠かせない酢の物があります。

庄内地方ではなますに荒巻の兵頭（鮭の鼻先の軟骨）を薄くそぎとり、ダイコンおろしと和《あ》えてなますを作ります。

一尾の鼻先から取れる兵頭はわずかで貴重です。

❶そぎ取った兵頭は三〇分くらい酢に漬けて生臭さを取り、身をしめます。

❷ダイコンは「鬼おろし」（竹でできた鬼の歯のようなギザギザのおろし器）でおろします。粗くおろすとダイコンの旨味がでます。

❸おろした大根に兵頭のほどよい塩気、甘味に刻んだ干し柿を加えます。酢がキリッとしめてくれます。

なますというとダイコンとニンジンを千切りにした甘酢漬けが多いのですが、

〈 兵頭なます 〉

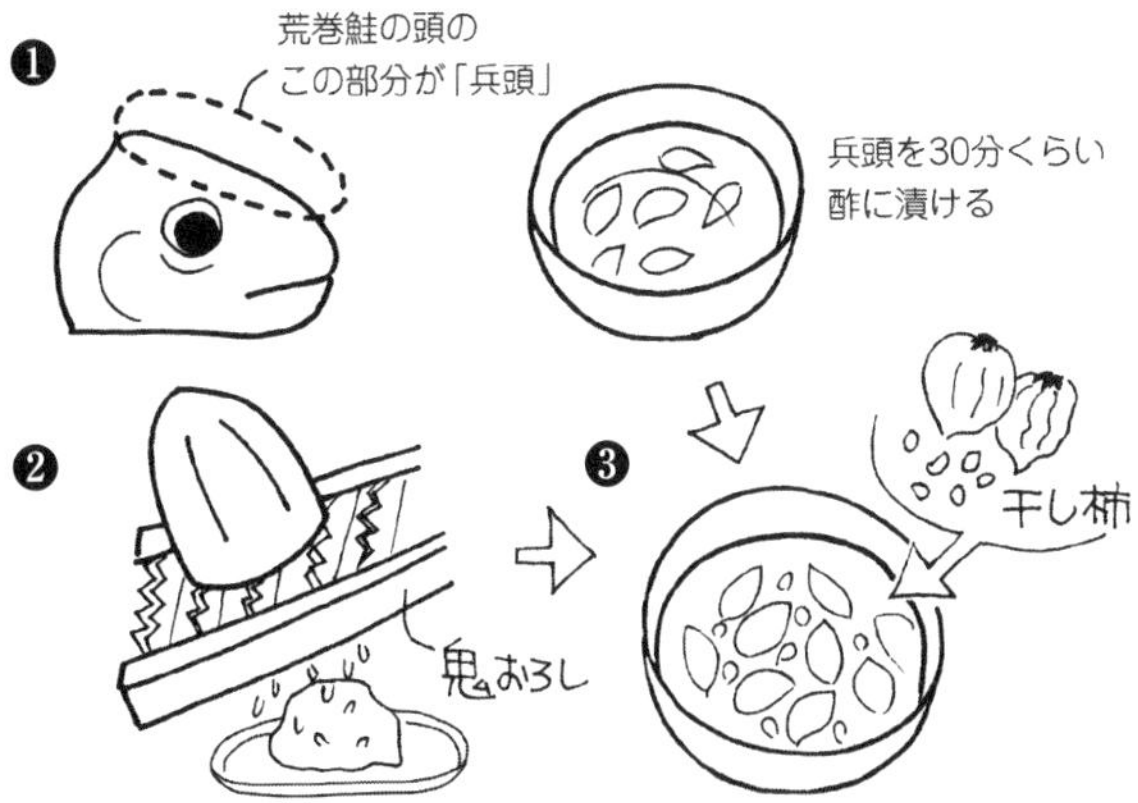
❶
荒巻鮭の頭の
この部分が「兵頭」
兵頭を30分くらい
酢に漬ける
❷
鬼おろし
❸
干し柿

新潟では、兵頭とイクラを盛った伝統なますも作るようです。北国ならではの食材を生かしたなますには、ふるさとの温もりがあります。

昨今は荒巻一尾を箱で贈る習慣もなくなりましたが、スーパーなどで塩鮭のカマや頭を見かけることがあります。鼻先の兵頭を取った残りは圧力鍋で柔らかくして昆布巻の具にします。おせち料理が幾品も作れます。

兵頭が手に入らなかったら刻んだ干し柿を入れて、ふるさとのなますを味わいます。

6 下仁田ネギのしょうゆ漬け

東京・巣鴨のとげぬき地蔵商店街の入口に和菓子店「伊勢屋」を構える叔母は六〇年以上も従業員の賄い料理を作ってきました。住み込みの店員や、近くの工場で大福やだんご、まんじゅうなどの和菓子、餅や赤飯などを製造する職人たちの食事も作ります。

叔母は八六歳になりますが、かくしゃくとして店で売る惣菜作りを担当し、キンピラゴボウや煮物などおふくろの味が喜ばれ、人気商品になっています。漬け物も叔母のひらめきで生まれています。職人がコロナに負けず、おいしくご飯が食べられるようにと考えたのが「下仁田ネギのしょうゆ漬け」です。

❶柔らかな下仁田ネギを葉の部分まで薬味のように細かく切ります。
❷カツオ節をたっぷり入れて、しょうゆとみりん少々で味付けし、よくかき

混ぜます。
❸ご飯にかけると箸が進みます。誰でもできる簡単、ネギのしょうゆ漬けです。
❹余ったらジッパー付保存袋に入れて冷蔵庫に保存し、納豆に入れたり、湯豆腐にかけたり、使い道はいろいろあります。

カツオ節の旨味と風味が効いてネギが苦手な人でも「うまい！」となるはず。美味しさの決め手はカツオ節と、太くても柔らかな下仁田ネギです。

白い部分が短いので二本のネギにカツオ節の小袋一袋で作りました。

7 ダイコンの焼酎漬け

冬のダイコンは煮ても漬けても美味しいです。

正月によく食べるのに「べったら漬け」があります。塩麹と砂糖、酢で作ったり、甘酒用の米麹で作りますが、甘過ぎるのは苦手という人向きに、べったら漬け風焼酎漬けを教わりました。

❶ダイコンは長さ二センチの角切りにしてジッパー付保存袋に入れる。

❷漬け汁は同量の焼酎と酢、三割の砂糖を混ぜ合わせたものを注ぎます。

❸冷蔵庫で保存します。二、三日漬け込んだら汁がしみ込み美味しくなります。

酢の旨味が度数の強い焼酎を和らげ、甘さを抑えてまろやかな味わいになります。香り付けにユズの千切りを入れたり、輪切りの鷹の爪で辛口にするなど、好みでアレンジしてみましょう。

ダイコンの切り方もイチョウ切りや輪切り、四つ割りなど、工夫してみるとバラエティーに富んだ焼酎漬けができます。

ダイコンにこだわらず、身の柔らかな小カブをイチョウ切りにして漬けても美味しいと思います。試してみてください。

8　簡単！　濃厚キムチ

ラーメンから漬け物に至るまで激辛ブームです。冬は寒さを吹き飛ばしてパワーアップするキムチ鍋が人気。最近は鍋用のスープが選り取りみどりですが、自分でキムチが作れれば好みの鍋スープにもなります。

面倒に考えることはありません。市販の「キムチの素」を使って、美味しいキムチを作ってみましょう。

❶ハクサイ四分の一をザク切りにして漬け物容器に入れ、軽く塩揉みしてコップ半分の呼び水を入れ、約二時間漬けます（重石のある人はボールで漬けます）。

❷ハクサイを取り出して水気を絞り、ボールなどに移します。

❸刻みショウガ、リンゴの摺り下ろし、白ゴマと砂糖少々、「キムチの素」を加えてよく混ぜ合わせれば出来上がり。

❹ジッパー付保存袋に入れてよく空気を抜きます。常温で一日で食べられます。

リンゴのほどよい酸味と甘み、ショウガの風味が効いてコクのある濃厚キムチが後を引きます。

残ったら冷蔵庫に保存して、味が変わらないうちに鍋や炒め物などにしましょう。

9 キノコいとこ漬け

スーパーに行くとキノコ売り場がにぎやかです。ヘルシーで栄養価が高いキノコが見直され、需要が高まっているようです。そのためか、求めやすい価格になったのも消費者には魅力です。

そこでマイタケとエリンギ、エノキタケのランキング上位をミックスした「キノコいとこ漬け」を作ってみました。

キノコ類は低カロリーで知られていますが、特にこの三種は食物繊維が豊富、整腸作用があることなど共通点が多いのです。

作り方は簡単です。

❶エノキタケは石付きから五センチぐらい上を切り、房をほぐします。マイタケも石付きを切り、房を小分けにします。

エリンギは石付きを切って二等分し、縦にスライスします。
❷沸騰した鍋で一分ほど湯がき、ザルにあげて冷まします。
❸同量の昆布出汁しょうゆ、みりん、酢少々を鍋でひと煮立てさせて、漬け汁を作ります。
❹キノコをジッパー付保存袋に入れ、冷めた漬け汁を注げば出来上がりです。一時間ぐらいで食べられます。
ご飯にかけても美味。酒のつまみには胃にもやさしい、おろしを添えます。

10 自家製福神漬け

カレーライスのお供はラッキョウと福神漬けですが、「甘いのは苦手だから作ってる」という友人に触発されて、野菜いっぱいの福神漬けを作っています。独り暮らしになってからはカレーを作ることも少なくなりましたが、時には季節の野菜ゴロゴロのカレーが食べたくなります。付け合わせは自前のラッキョウと福神漬けです。

福神漬けのネーミングは「七福神」になぞられているそうで、七種類の野菜が入るのが正統派の福神漬けのようです。

それにこだわらず、冷蔵庫にある野菜を使って作ればよいと思います。

レンコン、ダイコン、ニンジン各一〇センチ、キュウリ半本、干しシイタケ二枚、ショウガ一片を使います。

❶レンコンは皮をむいてスライスして酢水に晒し、アクを抜きます。
❷ダイコン、ニンジンはイチョウ切り、干しシイタケは水で戻します（戻し水は取って置く）。
❸キュウリは薄切り、シイタケもスライスして、一分ほど茹でてザルに上げ、水を切ります。
❹昆布だししょうゆ、みりん、酒、砂糖、シイタケの戻し水を加えて煮立て、漬け汁を作ります。
❺漬け汁に野菜を入れてひと煮立ちさせると、味がしみます。
❻冷ましてからジッパー付保存袋に入れて、冷蔵庫で保存します。数日漬け込むとレンコンなどの根菜にも味がしみて美味しくなります。

漬け方はさまざま、好みに合わせて自家製福神漬けを作ってみてください。

11 ゴボウ節《ぶし》

おせち料理では煮しめや叩きゴボウなどでゴボウをふんだんに使います。ゴボウの風味と旨味が引き立てるのです。

正月気分が抜けたころにゴボウの漬け物を作ってみましょう。

❶ゴボウは皮をこそいで五センチくらい切って、一〇分〜一五分くらい茹でます。

❷温かいうちにタテに半分に切って、めん棒などで叩いて食べやすいように柔らかくします。

❸同量の薄口しょうゆ、みりんを合わせ、漬け汁を作り、ゴボウと一緒にジッパー付保存袋に入れます。ここにカツオ節の小袋一パックを投入。よく揉み込みます。

冷蔵庫に保存すること約六時間。カツオ節とゴボウのダブル旨味が効いて、まさに絶品、ゴボウの漬け物です。

〈冬の郷土料理〉

●具だくさん雑煮

福島の雑煮はその家によっても異なりますが、凍み豆腐の入った具だくさんの雑煮をいただきます。

私の実家ではサトイモやニンジン、ゴボウに凍み豆腐、鶏肉などが入ったしょうゆ味の雑煮。今でも変わらない具だくさん雑煮です。

昔は土間で餅つきをしていましたが、最近は機械で餅をつきます。大きなバットにつき立ての餅を流し込み、固まったところで切るのですが、市販の倍ぐらいもある大きな四角い切り餅です。

具だくさん雑煮の決め手はなんといっても凍み豆腐が入ることです。福島市の立子山《たつごやま》地区で冬の冷え込みを利用して凍らせて作る江戸時代から伝統の郷土の特産品です。

これを水で戻して一センチ幅で短冊切りにして固い野菜が煮えたところで加えるのです。

サトイモと凍み豆腐の滑らかな食感が絡み合い、凍み豆腐独特の乾いた大豆の風味が雑煮を引き立てます。

凍み豆腐は、炒め物や煮物など幅広く活用できる重宝する保存食です。

●煮豆のごちそう

専業農家の実家ではうるち米、もち米ばかりか野菜や豆類もたくさん作っていました。盛夏の枝豆はもちろん、その他アズキやササゲ、金時豆など。昨今ブームのエゴマ（ジュウネン）、ゴマも作っていました。

母は、祭りや法事などの行事があると夜なべして、かまどでコトコトと煮豆を炊いていました。

赤飯は何段も重ねてせいろで蒸していましたから、前日からの下ごしらえがたいへんだったのです。ササゲを一晩水に浸けてから煮ますし、もち米も前日からといで準備をします。農作業や家事の合間に時間を見計らって準備をしていました。

正月が近づくと、金時豆や白い花豆を煮ておせち料理にしました。

少し重曹を入れたのでしょうが、甘さ控え目のふっくらした煮豆がどんぶり一杯に出されました。太切りのキンピラゴボウ、自前の野菜を使った煮しめ、歳暮でいただいた荒巻鮭のカマやアラを使った昆布巻きを、家事の合間に二日がかりで作っていました。

高校生のころは煮豆や昆布巻きなどは口に合いませんでしたが、七十路になると、豆の美味しさが身にしみます。

❶一晩水に漬けた黒豆を二〇分ほど圧力鍋で炊くと柔らかくなります。

❷後は焦がさないように砂糖やみりん、塩少々を入れて弱火でじっくり炊きます。

豆類はたくさん市販されていますが、味加減が自在な自家製が一番美味しい。イソフラボンたっぷりの煮豆はふるさとの味でもあるのです。

●三日トロロ

おせち料理も食べ飽きたころ、福島には三日目の朝に、「三日トロロ」と言って、トロロ飯を食べる習わしがあります。トロロ芋も作っていましたから、室《むろ》に囲ったトロロ芋を掘り出し、祖父が洗ったトロロのひげをかまどであぶって取ったりしていました。昨今はＩＨヒーターのキッチンも増え、ガスの火であぶるということも少なくなったでしょう。

❶ひげを取り皮をむいたら、すり鉢にトロロを摺り下ろして、すりこぎで丹念に摺ります。

❷だし汁で延ばしてまた摺るのです。昔は大家族でしたから、すり鉢いっぱいに作りました。

❸仕上げは刻みのりか青のりをトッピングします。

トロロに塩鮭、白菜やたくあんなどの漬け物、おせちの残ったかまぼこなども並びます。

三日の朝にはトロロを食べて、おせち料理を食べ過ぎた胃を休ませよう、滋養強壮のトロロを食べて新年の健康を願うという意味もあったのでしょう。

少し柔らかめに炊いたご飯にトロロをかけて食べると、おせちになじんだ舌が新鮮な食感を感じます。私にとっては「今日で正月も終わり、今年も頑張るぞ」と気が引き締まる「区切りの三日」でもあるのです。

そんなわけで「三日トロロ」の習慣をずっと守ってきました。

●擂ったトロロは苦手という人は、千切りトロロにのりを散らし、しょうゆをかけておかずとしていただくのもお勧めです。

●凍《し》み餅《もち》

餅が少ない夏に、無性に凍み餅が食べたくなります。福島伝統の郷土食です。両親が達者だった二〇数年前までは作っていたようです。宅急便の中には筍などの野菜と一緒にカチカチの凍み餅が新聞紙に包まれて入っていました。

餅のつなぎはヨモギではなく、我が家ではゴボウの葉を乾燥させてつなぎにしていたようです。

乾燥させた葉を揉んで茹でて固く絞って、もち米などと一緒に蒸したのです。食物繊維が多く粘りがあり、もち米とうるち米をこね合わせて餅のつなぎには最適だったようです。

よくついた餅をなまこ餅様に形を整えて、固まったところで一センチくらいに切ってわらで編んで吊るしていきます。寒中の作業で、父が夜中に起きて水をかけ、凍らせていたのを覚えています。凍った餅を寒風にさらして乾燥させて完成です。カチカチに乾いた餅は保存食になるのです。

凍み餅は一年間保存が利く、自然食です。実家から、餅の少ない夏に送られてくるとうれしかったものです。
●凍み餅を一時間ほど水に浸して解凍すると倍以上に膨らみ、柔らかくなります。これをレンジで一分ほどチンするとつき立ての餅になるのです。
●フライパンに油を引き、凍み餅を両面焼いて、砂糖としょうゆをたらして食べるのも美味。ほどよい油っこさと甘しょっぱさが、うるち餅のさっぱり感とよく合うのです。忘れがたい鄙《ひな》の味です。

近年は、福島の郷土食「凍み餅」が県内各地で見直されているようです。村おこしの一環として、凍み餅作りに力を入れているところがあるのもうれしい限りです。

●庄内の雑煮

同じ東北でも山形の庄内地方の雑煮は、シンプルで上品なお椀で驚きました。カツオ節で出汁を取り、小ぶりの丸餅を飾るのは鶏肉と厚揚げ、ミツバ。そして日本海の荒海で採れた岩ノリを添えるのが庄内流の雑煮です。白い餅から匂い立つ磯の香りに初春の海を思い浮かべる元日の朝です。夫に教えられ、日本海の雑煮を何十年も作ってきました。本場の岩ノリは東京ではなかなか手に入らないので送ってもらったこともありました。

福島の具だくさん雑煮、小松菜が欠かせない東京の雑煮、白みそ仕立ての京都の雑煮……。全国各地にお国自慢の雑煮があり、多くの人が郷土の味にこだわりを持っています。ご当地の雑煮を大事にすることは食文化の継承でもあるのです。

●どんがら汁

大寒のころ、義母はよく生の寒ダラを送ってきました。日本海の荒波にもまれながら産卵期に入る真ダラを山形県の庄内地方（鶴岡市など）では寒ダラと呼んでいます。

寒ダラの身を除いて、アラ（どんがら）と白子（卵）を野菜などと一緒に鍋で煮てアツアツを食べるのが「どんがら汁」（寒ダラ汁）です。

魚のアラ汁なのに、体中がポカポカしてきて舌も胃袋もとろけそう。「どんがら汁」を初めて食べた福島の人に「こんなうまいもの初めて食べた」と言わせた絶品の汁、いや鍋料理なのです。

❶お湯を沸騰させて、タラの内臓とアラを入れてアクを取りながらよく煮ます。

❷好みでハクサイや豆腐、ネギ、最後にサッと湯通しした白子を加えて味噌で味を調えます。

ただこれだけ、シンプルな料理なのにアラの旨味が効いて本当に美味しい。切り身は粕漬けや味噌漬けにして焼き魚で食べるのです。酒粕で身の締まったタラもまた絶品、二度美味しい寒ダラです。

寒中の期間限定でしょうが、最近はお取り寄せもできます。

●棒ダラの煮物

東北では田植え時やお盆、正月に棒ダラの煮付けを食べます。棒ダラはスケソウダラの干物で保存食として、貴重なタンパク源になっています。

❶義母は時間をかけてじっくり水で戻した棒ダラを五切ほどに切って、昆布と一緒にコトコトと煮込んでいました。今なら圧力鍋でパッパッと煮てしまいますが、時々火加減をみながら柔らかくなるまで煮たものです。

❷一時間以上も煮てから、砂糖とみりん、酒、しょうゆを入れて味付けします。さらに煮込むこと三〇分以上。

カチカチの干物も時間をかけて煮込むと味がしみ込んだころには、タラの身がホロリと骨からはがれるほど柔らかくなっています。油っこさはないですが、そのホロリ感が素朴な味わいで美味しいのです。

甘しょっぱい味付けで、酒のつまみばかりかご飯のおかずにもよく合います。

●甘酒

母が麹《こうじ》を作っていたので、冬場は米麹の甘酒がごちそうでした。おかゆに麹を入れて発酵させるので、おかゆのようにボタボタしていましたが、お湯で延ばしてお椀で飲んでいました。

後で分かったことですが、体が温まるばかりかカリウムやビタミンB群、食物繊維など栄養豊富な飲み物なのです。

私は市販の麹とおかゆで甘酒を作っています。

時には手を抜いて茶わん一杯のご飯をおかゆにして作ったりします。

❶一合のおかゆを炊いて、板麹一枚をパラパラもみほぐしておかゆに混ぜます。

❷釜のフタを開けて濡れぶきんをかぶせて保温にセットして六〇度を保ちます。

❸約八時間ほど放置すると発酵して、おかゆが茶色に変わりトロトロに。味見すると甘～くなっています。甘酒の出来上がり。

❹ジッパー付保存袋に移して一週間ぐらいかけてお湯で薄めて飲んでいます。砂糖を入れる人もいるようですが、発酵した自然の甘さで十分です。

●時にダイコンをスライスして甘酒と塩少々を絡めて、自家製べったら漬けもどきを作ります。ヨーグルトにトッピングしたり、発酵食レシピも広がります。

●麹を扱うのが面倒という人は、酒粕で甘酒を作ってみましょう。スーパーで練粕を買ってきて、お湯で酒粕を溶いてかき回しながら、砂糖と塩少々を加えてひと煮立ちさせます。美味しい粕の甘酒ができます。

●リンゴ料理

冬のリンゴは日持ちしますが、傷まない前に煮たり焼いたりしてデザートで味わいましょう。

郷土料理ではないけれど、福島のリンゴを使って電子レンジでよくジャムを作ります。以前は鍋でジャム作りをしましたが、ワインや砂糖を入れても気を抜くとよく焦がしました。

電子レンジの便利さを知ってからはもっぱら頼り切っています。

❶皮をむいたリンゴ一個を細かく切って塩水に晒してから、耐熱容器に入れて四分ほどレンジにかけます。

❷柔らかくなったリンゴの粗熱を取って、ジッパー付保存袋に入れて揉み込むようにして潰します。

❸作業はこれだけ、みるみるうちにトロリとしたジャムの完成です。砂糖などを加えずに、シンプルにリンゴ本来の味を楽しみます。冷蔵庫で保存しても塩分があるので色も変わらず、ヨーグルトのトッピングやパンのお供に使い勝手がよいのです。

●肉料理の添え物にもおやつにもなる焼きリンゴは、皮をむいたリンゴを一センチぐらいに切って、三分程度（量にもよる）レンジにかければ出来上がり。

●好みでシナモンを振りかけたり、フライパンで焼いてバターを乗せたり。丸ごとオーブンで焼いたり、アレンジは自由自在、リンゴを食べ尽くしましょう。

「ふくしま」のおばあちゃんが教える
美味しい漬け物の作り方

著　者　神野栄子
発行者　真船美保子
発行所　KK ロングセラーズ
東京都新宿区高田馬場 2-1-2　〒 169-0075
電話（03）3204-5161（代）　振替 00120-7-145737
http://www.kklong.co.jp

印刷・製本　大日本印刷（株）
落丁・乱丁はお取り替えいたします。※定価と発行日はカバーに表示してあります。
ISBN978-4-8454-5132-6　C0277　Printed In Japan 2021